Hair Cut For Sophisticated Style

洗練されたスタイルに仕上げる

大人髪のカット

imaii

SHINBIYO SHUPPAN

はじめに

　40代・50代の大人女性は以前からサロンの大事なお客様でしたが、これからもっとクローズアップされることが予測されます。というのはかつてのこの世代なら、落ち着きや上品さに重きを置いたミセスヘアで満足してくれたかもしれませんが、今どきの40代・50代は違うからです。非常に若い感覚を持っていて、トレンドにも詳しく、一律的なミセスヘアでは満足してくれません。きちんと今の感覚を取り入れたデザインが求められているのです。

　しかし気持はとても若いこの世代も、髪質や肌の変化が大きくなってくると、20代・30代と同じようなヘアスタイルが難しくなってきます。特にヘアカットにおいて、フォルムのはっきりしない、毛先を削ぎで薄くした切り方をしていると、細くなってきた髪や、はりが失われた肌を目立たせ、老けて見せてしまう危険があるのです。お客様自身も、「お気に入りだったヘアスタイルがこの頃似合わなくなった」「最近朝のスタイリングがうまくいかない」と実感することが40代後半になるとぐっと増えてきます。そうした悩みを解決してあげないと、年齢を重ねてもずっとおしゃれでいたいこの世代は、通っていたサロンから離れていってしまうかもしれません。加齢による髪や肌の変化に対応して、若々しさと大人の魅力を引き出すには、大人向けのカット技術が必要なのです。

　この本は現代の40代・50代向けのヘアデザイン「縦スライスボブ」「横スライスボブ」「サイドグラデーション」「ショートグラデーション」「肩下レングス」「耳上ショート」18点を紹介しています。それぞれのカット解説は、老けて見せないためのしっかりしたフォルムの切り方と、なめらかさを出す技術が中心になっています。質の高いカットは、自分を若々しく見せてくれるだけでなく、1か月以上経ってもくずれない持続性もあることに、大人の女性なら満足してくれるでしょう。お客様を離さないカットの力を身につけたい人に、ぜひ読んでいただきたいと思います。

目次

004	はじめに
005	目次
006	大人髪のルール
010	大人髪のカット
016	**Category Ⅰ　TATE SLICE BOB**
	大人のマストスタイルⅠ　**縦スライスボブ**
020	スタイル1
024	スタイル2
028	スタイル3
032	**Category Ⅱ　YOKO SLICE BOB**
	大人のマストスタイルⅡ　**横スライスボブ**
036	スタイル1
040	スタイル2
044	スタイル3
048	**Category Ⅲ　SIDE GRADUATION**
	大人のマストスタイルⅢ　**サイドグラデーション**
052	スタイル1
056	スタイル2
060	スタイル3
064	**Category Ⅳ　SHORT GRADUATION**
	大人のマストスタイルⅣ　**ショートグラデーション**
068	スタイル1
072	スタイル2
076	スタイル3
080	**Category Ⅴ　KATASHITA LENGTH**
	大人のマストスタイルⅤ　**肩下レングス**
084	スタイル1
088	スタイル2
092	スタイル3
096	**Category Ⅵ　SHORT STYLE**
	大人のマストスタイルⅥ　**耳上ショート**
100	スタイル1
104	スタイル2
108	スタイル3
112	おわりに

大人髪のルール　ウエイトで視線を上げる

昨今は世代を問わず、女性のヘアスタイルのベースは圧倒的にグラデーションで、レイヤーはほとんどありません。全体的な嗜好として、すそに厚みがあるスタイルが支持されているわけです。ただし、ワンレングスに近いグラデーションは、中年以降のお客様にはあまりお勧めできません。顔の輪郭や目尻、頬が下がってきているのに、フォルムの中で一番重さを残している部分＜ウエイト＞が下にあると、下がりを強調して老けて見せてしまうのです。若々しく見せるには、ウエイト位置を上げて、見る側の視線を引き上げることが大切です。また毛量が少ない髪は、グラを積み上げて下から支えないと、よけいにボリュームがないように見えてしまいます。トップがぺしゃんこになるからと髪を無理に立たせるより、ウエイトを高めにした方がふんわりと見えます。

少なくなった毛量も目立ちにくくなる。

ボブはややもすると四角いフォルムになりがち。ボリュームがなくなった髪の場合、フォルムが四角いとよけいに貧相に見えてしまう。すそにグラデーションをつけ、表面にレイヤーを入れてひし形のフォルムを作ると、ボリューム感を出すことができる。

視線を下がりっぱなしにさせない。

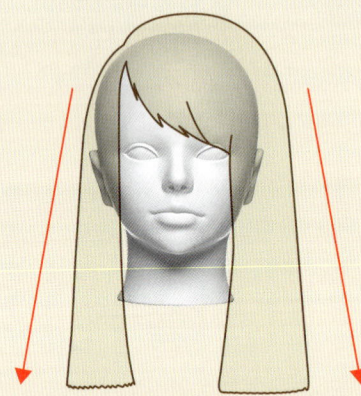 

すそに一番厚みのあるスタイルは見る側の視線を下げてしまう。少しだけでも段差（グラ）をつけることで、視線の下がりを止め、鈍重な印象になるのを防ぐことができる。

ウエイトが上がれば、横顔も若々しく。

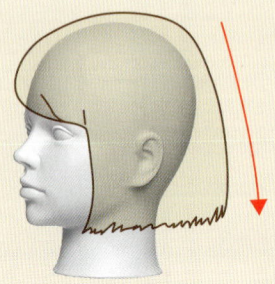 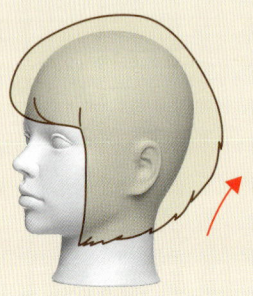

ウエイトを上げることで、横顔も若々しい印象にできる。視線が下がるヘアスタイルは、丸くなってきた首、肩、背中のラインを強調してしまうが、ウエイト位置が高いスタイルなら身体のシルエットもすっきり見える。

サンプル 1

四角いフォルム(左)とひし形フォルム(右)の例。ヘアスタイルのウエイト位置を高くすると、あごがシャープに見えてぼやけがちな顔の輪郭がはっきりしてくる。

サンプル 2

すそのグラデーションの幅が狭い例(左)と広い例(右)。段差自体はほんの少しの差だが、視線を上に引っぱる力は右の方が大きく、顔の表情が生き生きしている。

サンプル 3

肩より下の長さの場合、ウエイトが低く視線を下げるヘアスタイル(左)だと、首が短く見えたり、身体の横幅を強調してしまう。

サンプル 4

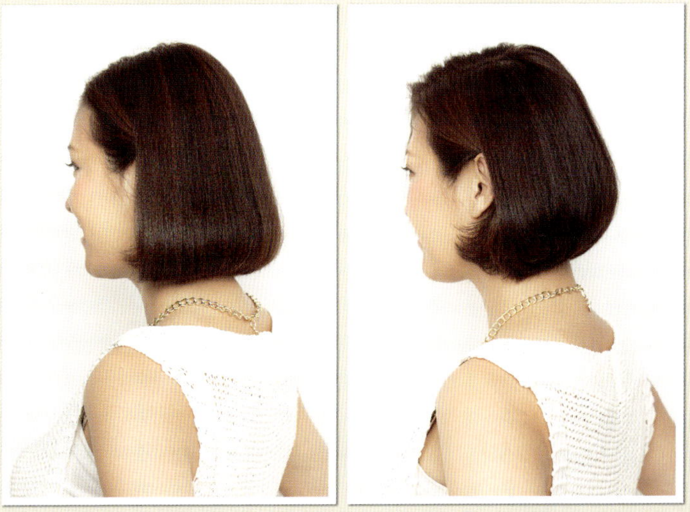

横顔の比較。長さは同じボブだが、バックのウエイト位置を上げる(右)と首や背中のラインがすっきり見えてくる。

大人髪のルール　老けて見せない髪のあしらい

ウエイト以外にも、見る側の視線を下げて、老けて見せてしまう要素があります。
特に顔まわりに視線を下げる要素があると、顔のたるみや下がった口角などを強調してしまうので注意しましょう。
また大人のヘアスタイルは、バランスでメリハリをつけることをお勧めします。

内側だけの方向性は老けて見せる。

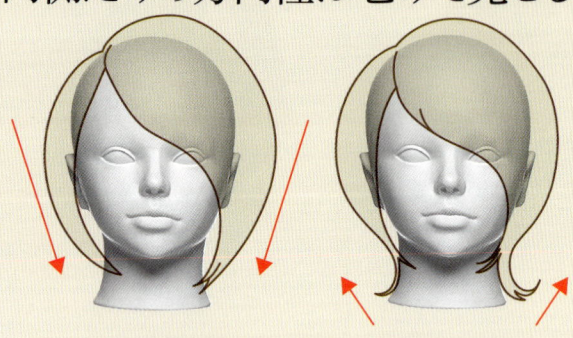

毛先がすべて内側に入ったスタイルは、視線が下がりがち。どこか一部分でも外側への動きがある方が若々しい印象になる。

顔まわりに下がる方向性を作らない。

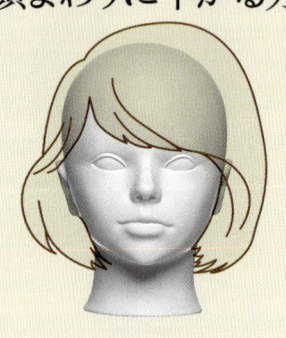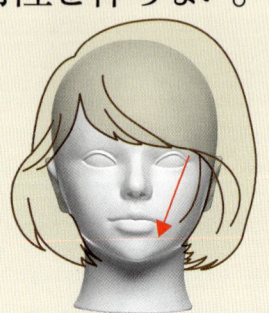

スタイリングの際、顔まわりにひと束だけ残った直線。若い人ならアクセントになっても、中年以降は老けを強調することになるので注意。

奥行感を出したいなら、直線の毛流れは避ける。

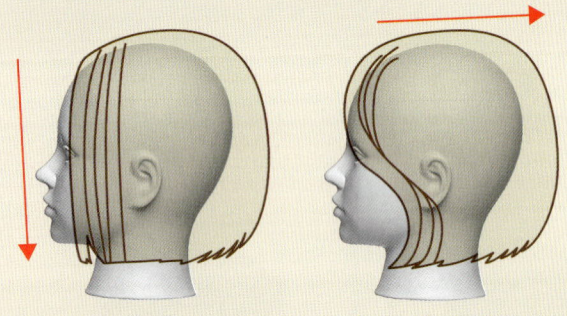

ストレートダウンの方向性は、横顔にも影響を与える。まっすぐ下に落ちる毛流れはタテ感だけを強調してしまうので、奥行を出したいなら真下に落ちない毛流れを作って。

細い線は大人女性をやつれて見せる。

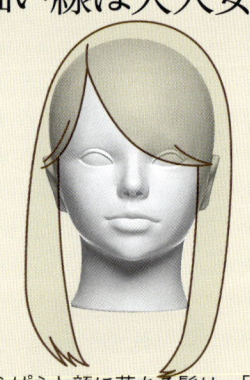

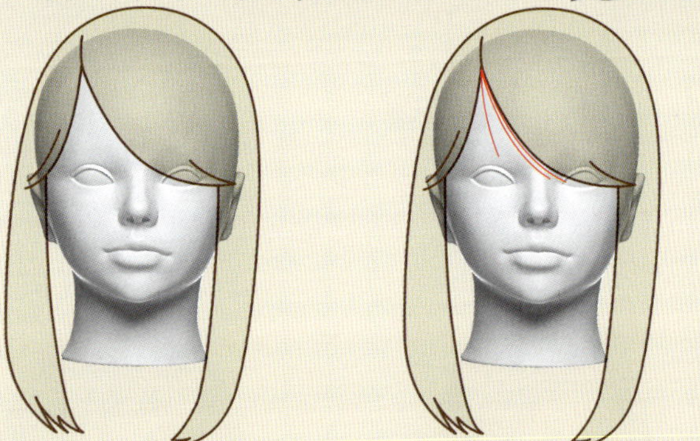

ぱらぱらと顔に落ちる髪は、「ほつれ毛」を感じさせ、大人女性を疲れたように見せてしまう。

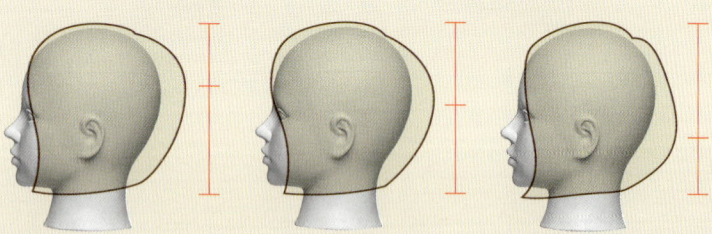

バランスは２：１が若々しい。

パートの位置、前髪の長さ、ウエイト位置などが１：１のバランスになっていると、落ち着いた感じになるけれど老けがち。バランスを２：１にずらすことでリズムが生まれ、若々しさを感じさせる。

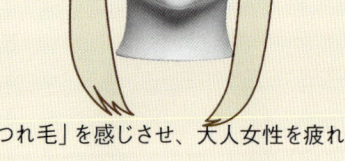

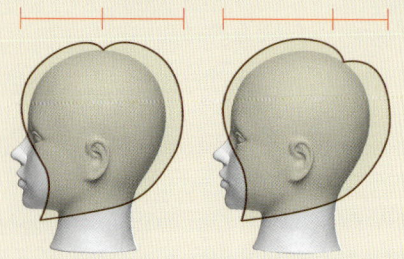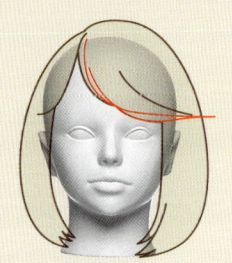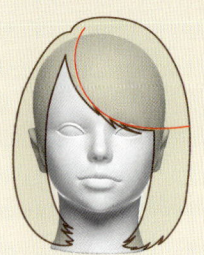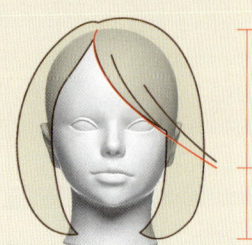

サンプル 1

毛先の方向性がすべて内側になっている例（左）と外側の例（右）。外側に向けた方が視線を上げる効果がある。毛先が内側に入っていると、肌のしわを強調してしまうことがある。

サンプル 2

フロントの髪を直線で落とす（左）と、見る側の視線は下がる。一度後ろに引いて前に出す（右）ようにすれば視線は下がらない。

サンプル 3

顔まわりに細い毛が落ちると、老けて見えたり疲れて見えたりすることがある。スタイリングの際には気をつけたい。

サンプル 4

つむじの前と後ろが1：1になっている例（左）と、2：1になっている例（右）。均等なバランスより、リズムのある2：1のバランスの方が洗練された印象になる。

大人髪のカット カットの組み立て方

ポイントをはずさずにカットするための代表的な手順を紹介します。

1 ベースカットでしっかりウエイトを作る

前章でウエイトの重要性を説明しましたが、実際のカットでも、まずはグラデーションでしっかりウエイト位置を定めてしまいましょう。この本で紹介しているスタイルも、ほとんどがバックのグラデーションカットから始まります。いくつかフロントやトップからカットしているスタイルもありますが、その場合はデザインの中で、その部分が重要だということです。いずれにしても、スタイルの肝になる部分から作っていくのが成功のコツです。

2 フォルムになめらかさを出す

ベースのグラデーションをカットしただけでは、フォルムはごつごつした印象のままで、女性らしい丸みはありません。大人世代ならではの上質感を出すには、少し手を加えてなめらかなフォルムにする必要があります。
18点中ほとんどのスタイルは、トップにレイヤーカットを加えます。さらに、レイヤーとグラの間に残っているカドを切り落とします（＝チェックカット）。こうしてウエイト部分の角ばった形を丸くしていきます。

どの位置から段差をつけるかを決めてグラデーションをカットする。この後のカットで多少フォルムに変化はあるが、ウエイトの位置はほぼここで決まる。

表面の髪にレイヤーもしくはハイグラのラインでカットを加える。さらに切り口のつながり部分にできるカドを落とし、丸みを強調していく。詳しい解説が12ページにあるのでチェックしてほしい。

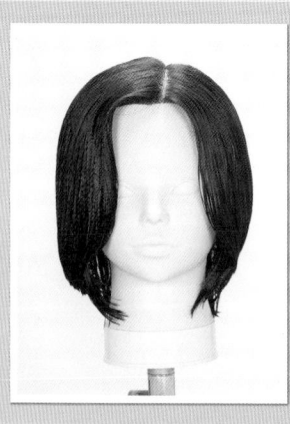

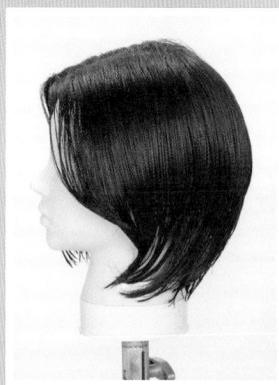

3 パーツやディティールをカット

フォルム以外の細かい部分も、削ぎでごまかさないでしっかりカットすると上質感が出ます。ボブのようにアウトラインが目立つスタイルは、髪が動いても内側からはみ出さないようにチェックカットしておきます。またショートスタイルの場合は、デザインがぼけないよう、もみあげ、耳まわり、ネープ部分の形をシャープに作っておきましょう。

4 ベースのカットラインに沿って削ぐ

毛量を減らしたり質感を出すための削ぎのカットを最後に入れます。ほとんどの場合セニングシザーを使いますが、基本はベースのカットラインに対して平行にシザーを入れるようにします。こうすると軽さは出ますが、毛先が薄くなり過ぎたりばらついたりすることを防げます。貧相に見せないために、大人世代の毛先にはある程度の厚みが必要です。

  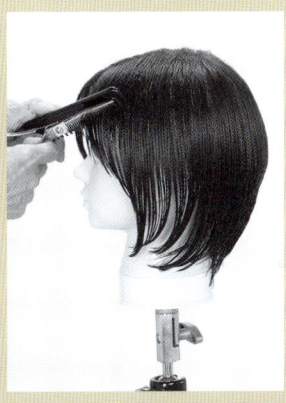 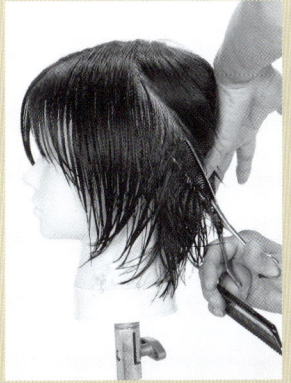

多くのスタイルの場合、顔まわりはベースカットとは別個のパーツとしてカットする。その他、デザイン上のアクセントになる部分はこの段階でカットする。

大人の髪への削ぎは、毛先を乱さないことが最重要。切り口に平行にセニングを入れること。さらに出したい毛流れ通りにシザーを動かすことがコツ。

 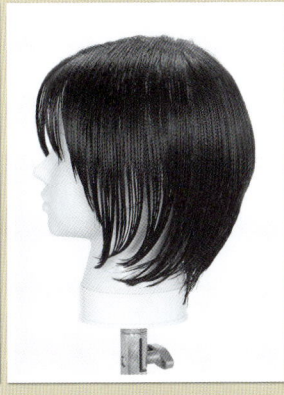  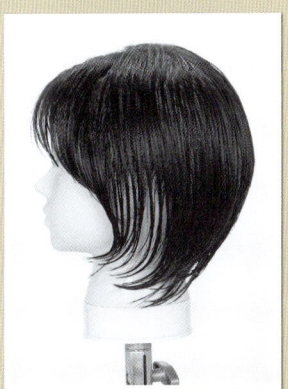

[大人髪のカット] ## なめらかなフォルムの作り方

前ページ「カットの組み立て方」で2番めに行う、フォルムになめらかさを出すカットについて、基本の考え方を以下に解説します。

グラデーションカット後の状態

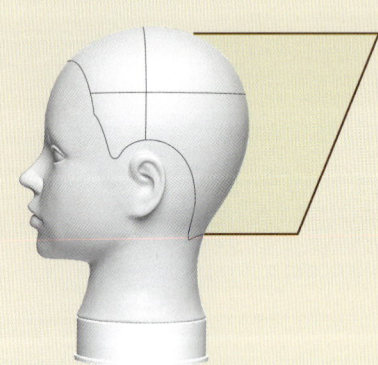
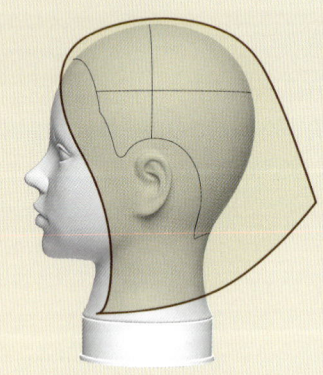

グラデーションを切っただけでは、ウエイト部分は四角く、フォルムはごつごつした印象。

トップを切り直した状態

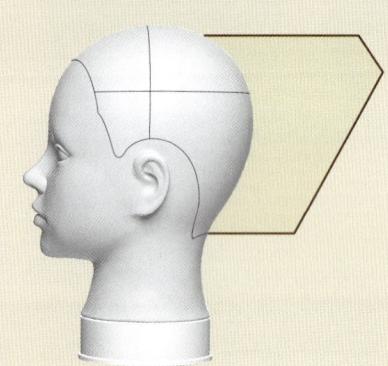
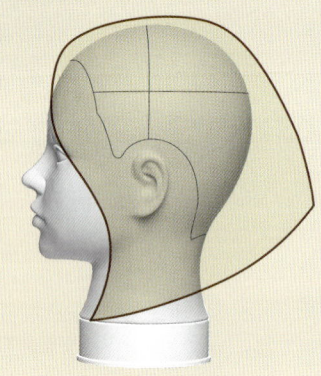

表面の髪をレイヤーもしくはハイグラデーションのラインで切り直す。ウエイトライン上部が削れ、やや丸みを帯びてくる。

カドとりのチェックカットをした状態

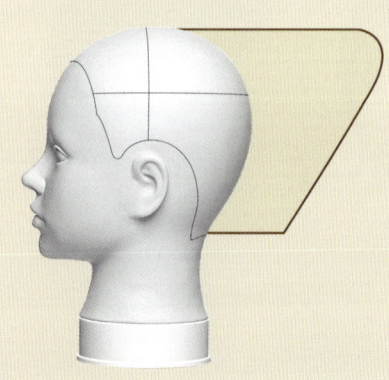
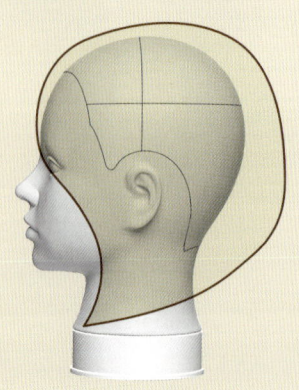

ウエイト部分にさらに丸みがつき、フォルム全体がなめらかになる。

実際のカットを例に、フォルムをなめらかにする手順を見てみよう。

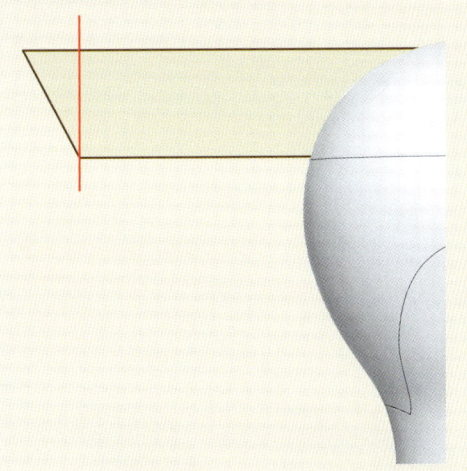

1 表面を切り直して段差を広げる

ベースカット後に頭のはち上を引き出すと、表面の髪がかなり長い切り口(ローグラ)が表れる。これを表面の髪がもっと短くなるライン(ハイグラもしくはレイヤー)で切り直す。

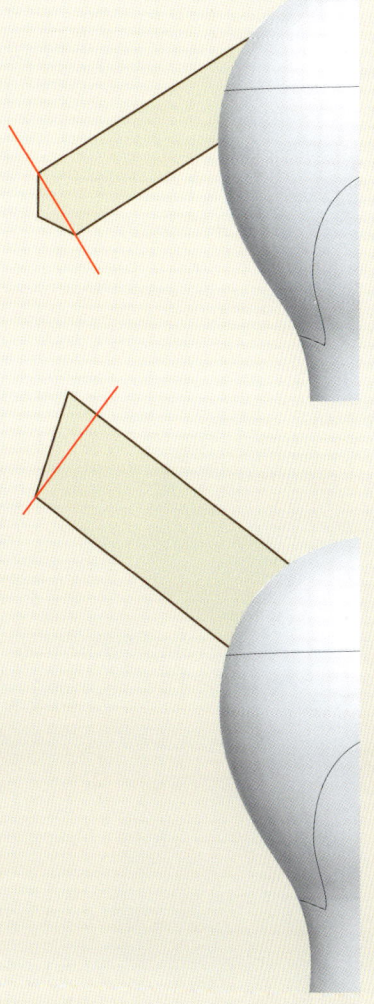

2 表面とその下のチェックカット

頭のはち上とはち下の髪を合わせて1より低い角度で引き出すと、切り口にカドが表れる。これを丸いラインで切り落とす。図はわかりやすくするためかなりカットするように描いてあるが、実際はミリ単位のカットだ。

3 必要であればさらに表面の段差をつける

はち上をオンベースに引き上げ、パネル下端をガイドに、セイムレイヤーもしくは近い角度でカットする。

大人髪のカット　洗練の決め手・チェックカット

各スタイルの解説では各種のチェックカットが登場します。
デザインに上質感を与えたり、髪が伸びてきてもくずれにくくするために役立つので、ぜひ活用してください。

1　顔まわりのチェックカット
顔まわりの厚みをとって、ヘアスタイルを肌になじませるために行う。

フロントをCシェープして内側の髪を表面に出し、スライドカットで切り落とす。フェースラインが薄くなるので、肌へのフィット感がよくなる。

2　アウトラインのチェックカット

頭をまっすぐにしている時にはわからなくても、髪が動いた時にすそのラインから内側の毛がはみ出すことがある。これを防ぐために行う。

基本のCシェープチェック
すそをCシェープすると、切り口に内側の毛が表れる。この状態でラインからはみ出す部分を切り落としておく。

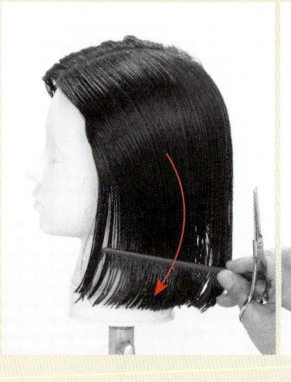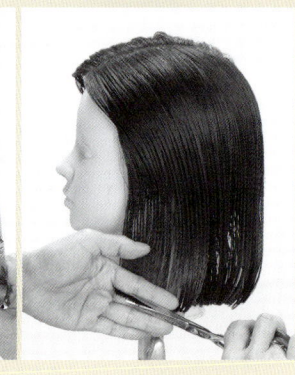

頭を前に倒してチェック
1～3　頭を前に倒し、ネープをCシェープして内側の毛先を表面に出し、ラインからはみ出す部分を切り落とす。
4～6　フロントからサイドは、パネルを反らせるように持つことで内側を表に出し、チェックカットする。

3 耳まわりのチェックカット

ショートスタイルに使うチェックカット。耳前と耳後ろ両方に行うことが多い。

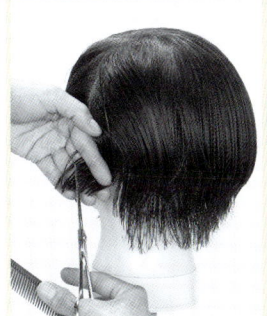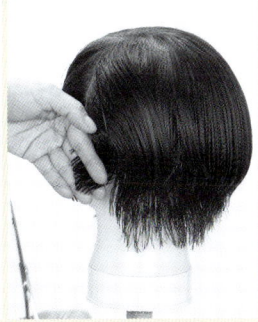

耳後ろだけのチェック
耳後ろをCシェープして内側の毛先を表に出し、コーナーを落とす。ラインから飛び出していた部分がなくなりラインが整う。

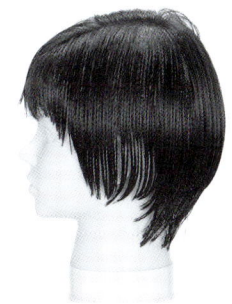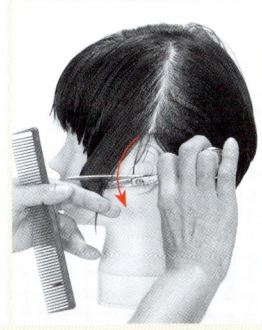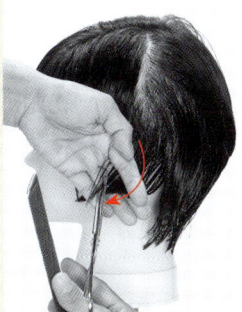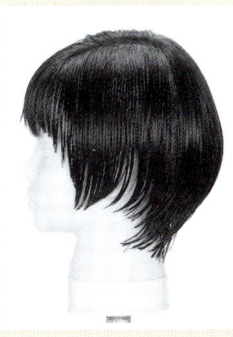

耳の前後のチェック
耳前をCシェープして内側の毛をスライドカットで落とす。耳後ろもCシェープしてコーナーを落とす。

4 パート上のチェックカット

サイドパートで切ると、ヘビーサイドの髪はライトサイドより長くなっている。長い髪が反対側に流れてもはみ出さないように、つなぎ目の部分をチェックカットしておく。

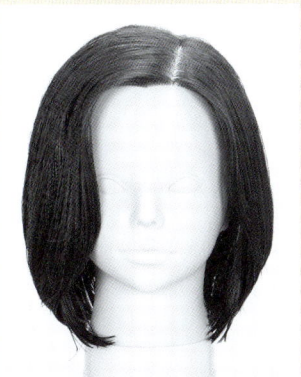

ヘビーサイドの髪はライトサイドより長い。髪が動いても問題ないように、つなぎ目の長さをそろえておく。

NG!

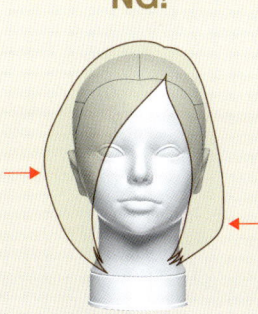

表面より下の髪まで切ってしまうとフォルムが変わってしまうので注意。ヘビーサイドの方がウエイト位置が高くなってしまわないよう注意。

01	02	03	04	05	06

1〜3 ヘビーサイド側をパートに平行にスライスをとり、ライトサイド側にシェープして、ライトサイドの長さに合わせてカットする。 4〜6 ライトサイド側も同様にチェックカットし、パート上のつなぎ目をなじませる。

Category I **TATE SLICE BOB**

Style **1**
ウエイト位置が
低めのスタイル

大人のマストスタイル I
縦スライスボブ

正面から見るとボブだけれど、後頭部はきゅっと上がってかっこいいという、ボブとショートのいいとこどりのようなスタイルです。横スライスボブより大人っぽいので、50代のお客様にもおすすめ。すそが厚ぼったいのはイヤだけど顔まわりの髪は残したい人、横顔の見え方にこだわる人、面より動きのあるボブにしたい人にも。えりあしを残せばウルフっぽいデザインになります。

Style 2
ウエイト位置がやや高めのスタイル

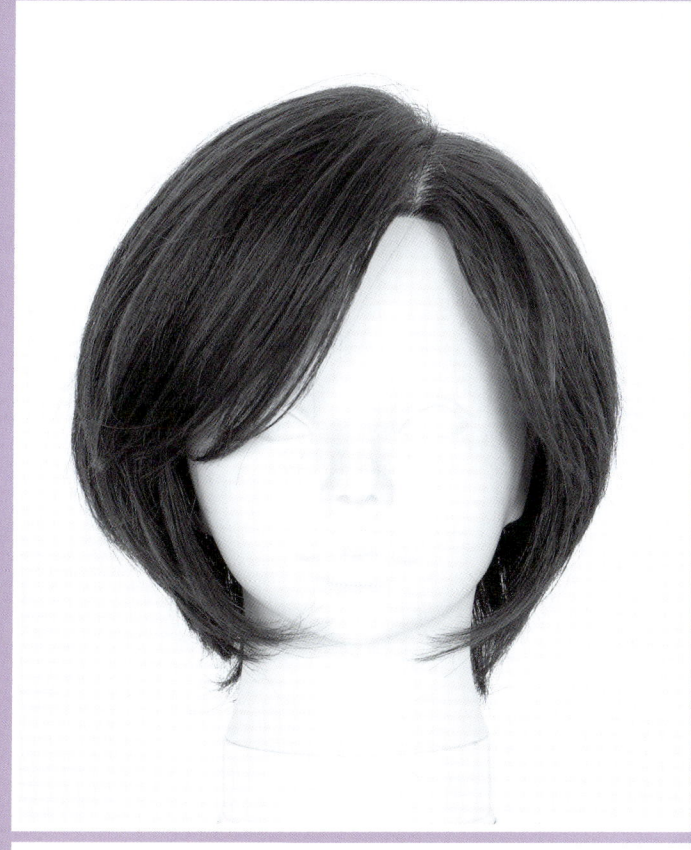

Style 3
ウエイト位置が高いスタイル

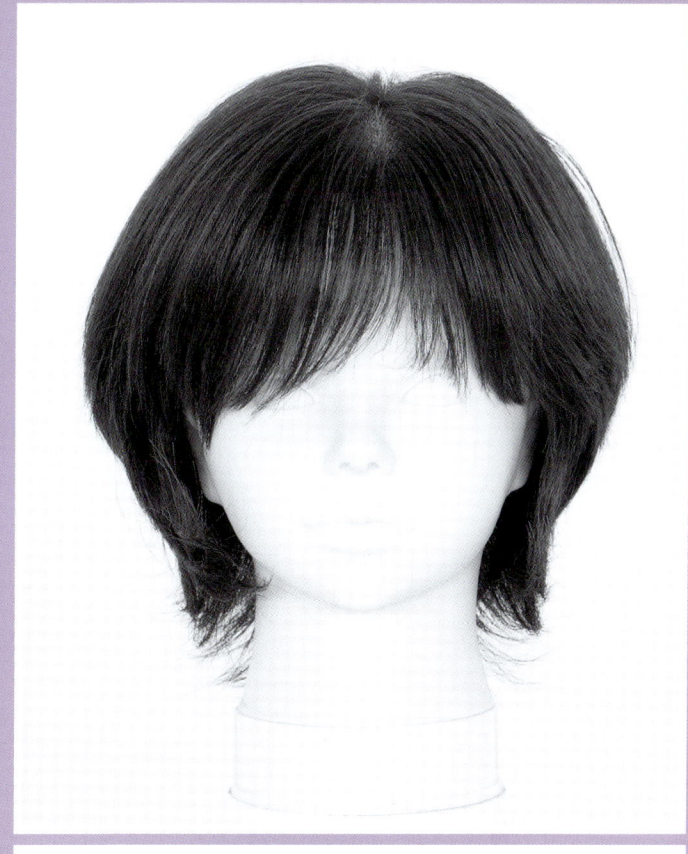

Category I　TATE SLICE BOB

"大人の縦スライスボブ" 分析

ボブの中では縦長感のあるスタイルです

縦スライスボブの特徴をつかむために、あご付近の長さのボブをカテゴリ別に3点比べてみましょう。
まず正面。3点ともフロントを長めに残したデザインですが、縦スライスボブが一番ひし形に近いフォルムになっています。
横で比較してみると、雰囲気もまるで違うのがわかります。サイドグラや横ボブがエレガント系とすると、
縦ボブはかっこいい系のイメージですね。エレガント系2点が正方形に近いのに対して、縦スライスボブは縦に長いフォルムになっています。
この段差が広くつくグラデーションを、縦スライスで作っていくわけです。

縦スライスボブ

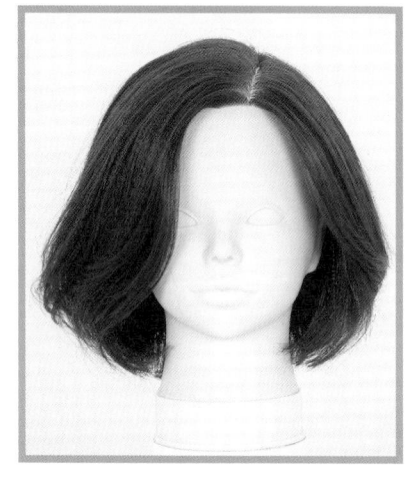

横スライスボブ

サイドグラデーション

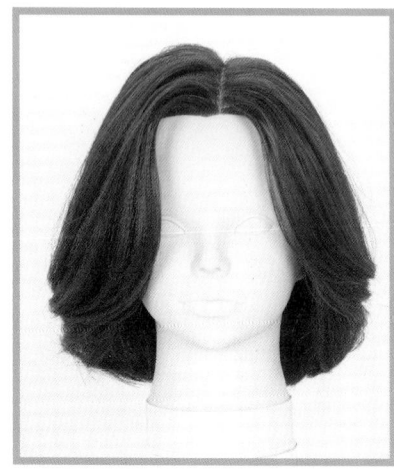
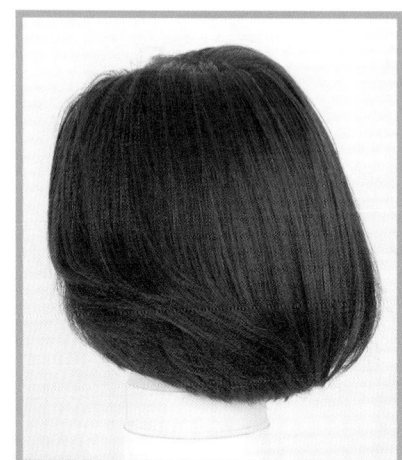

ウエイト位置　低・中・高を作り分ける

次ページから、ウエイトの高さが違う3つの縦スライスボブを紹介しています。
バックから縦スライスを引き出して切っていくのは同じですが、
ウエイト位置が高いスタイルほど引き出す角度を高くして切っていきます。

スタイル1　ウエイト位置が低いスタイル

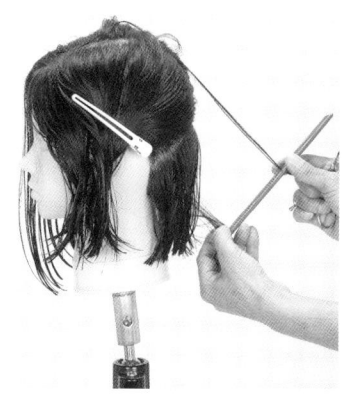
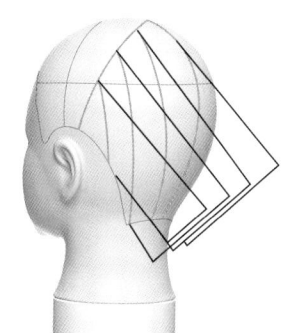

トップが長めで、すその段差の幅が狭い。縦スライスを45度に引き出して切っていく。

スタイル2　ウエイト位置がやや高いスタイル

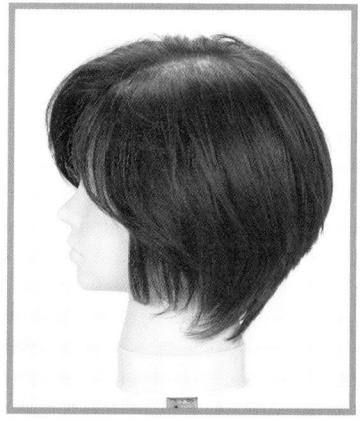

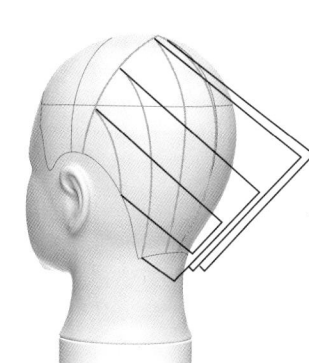

トップがスタイル1より短くなっている。縦スライスを60度に引き出して切っていく。

スタイル3　ウエイト位置が高いスタイル

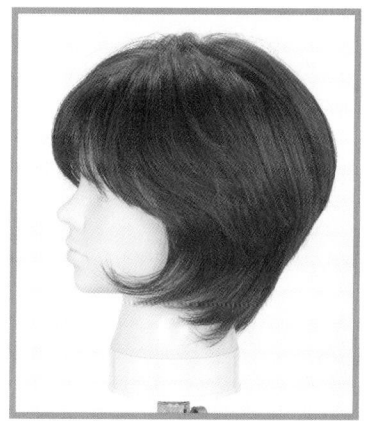
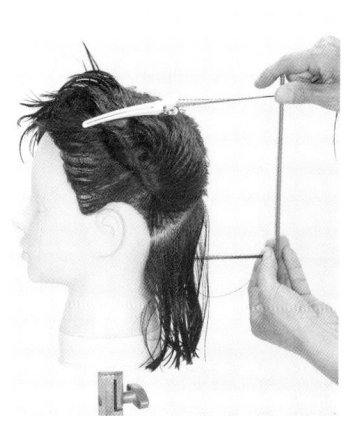
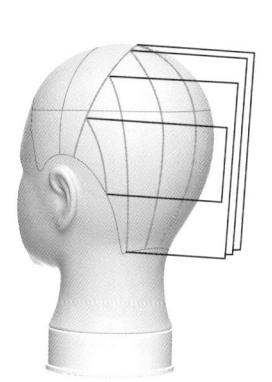

トップとすその長さにあまり差がなくなっている。縦スライスを床と水平に引き出して切っていく。

Category I TATE SLICE BOB

縦スライスボブ1
ウエイト位置が低めのスタイル

Category I　TATE SLICE BOB

縦スライスボブ スタイル1
ウエイト位置が低めのスタイル

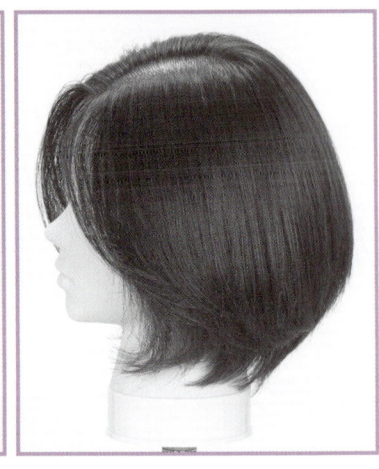

フロントはバングを作らず、前髪を長く残したエレガントな印象です。縦スライスを平行に引き出してカットし、グラデーションをつけていきます。しっかりウエイトを作るので、絶壁の人でも頭の形を良く見せられます。

バックのベースカット

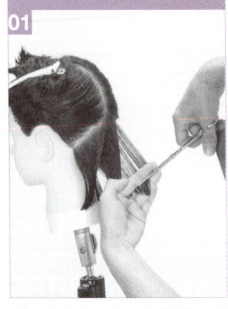

01 バックのセンターから縦スライスをとり、45度で引き出してグラのラインでカットする。

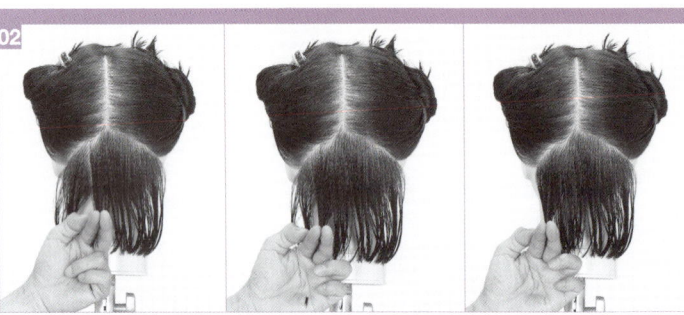

02 セクションの端まで、すべてセンターと平行に引き出し、同様にカットする。

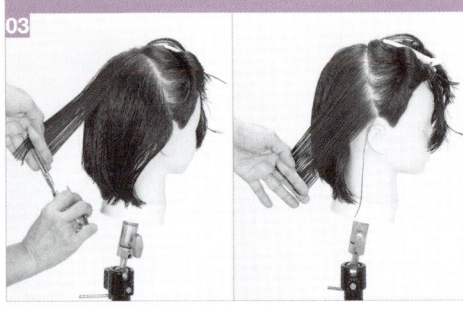

03 次のセクション以降も、縦スライスをとって最初のカットラインと平行にカットする。すべてパネルが平行になるように真後ろに引き出し、放射状にはしない。

08 ライトサイドが切れた。後ろに引いて切ったので、前下がりのラインができている。

09 逆側も縦スライスを後方に引いてカット。ヘビーサイドのフロントは短くならないよう特に気をつける。

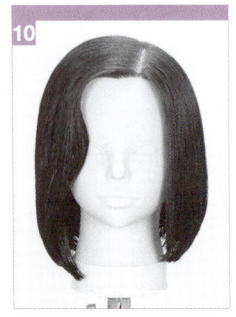

10 ここまでの状態。重さの残る、グラデーションのベースができた。

フォルムを整える

11 頭のはちから上に縦スライスをとり、床と平行に引き出す。元の切り口よりハイグラにカット。パネルの下端の長さはキープすること。

12 フロントまでハイグラにカットしていく。パネルの高さは床と平行、引き出す方向はベースカットにそろえて、後方に引く。

13 はち上とはち下の間に縦スライスをとり、60度に引き出す。レイヤーとグラの間のカドを切り落とす。

19 Cシェープして内側の髪を表に出し、スライドカットで削って重さをとる。

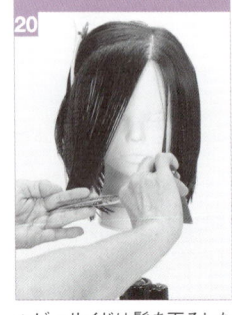

20 ヘビーサイドは髪を下ろした状態でライトサイドと位置をそろえてカット。届く範囲を前に引いて切った後、フロントの内側を削る。

パート上のチェック

21 パート上のチェックカット（p.15参照）をする。ヘビーサイドとライトサイドの表面の長さをそろえる。

量感調整・質感調整

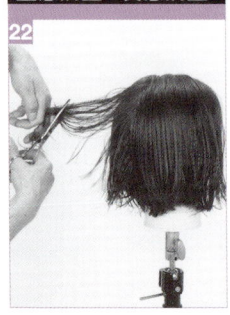

22 縦にスライスをとり、下から上へ、グラのラインで削ぐ。

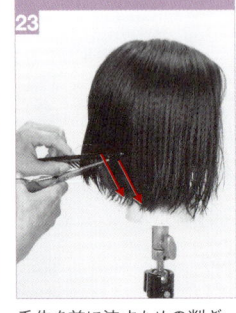

23 毛先を前に流すための削ぎ。アウトライン近くを、後ろから前に削ぐ。

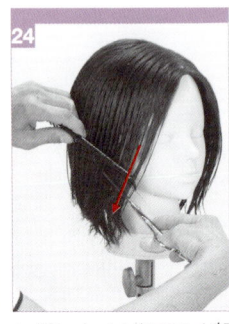

24 レイヤーカットしたフロント部分は、後ろへ流れるように前から後ろに削ぎを入れる。

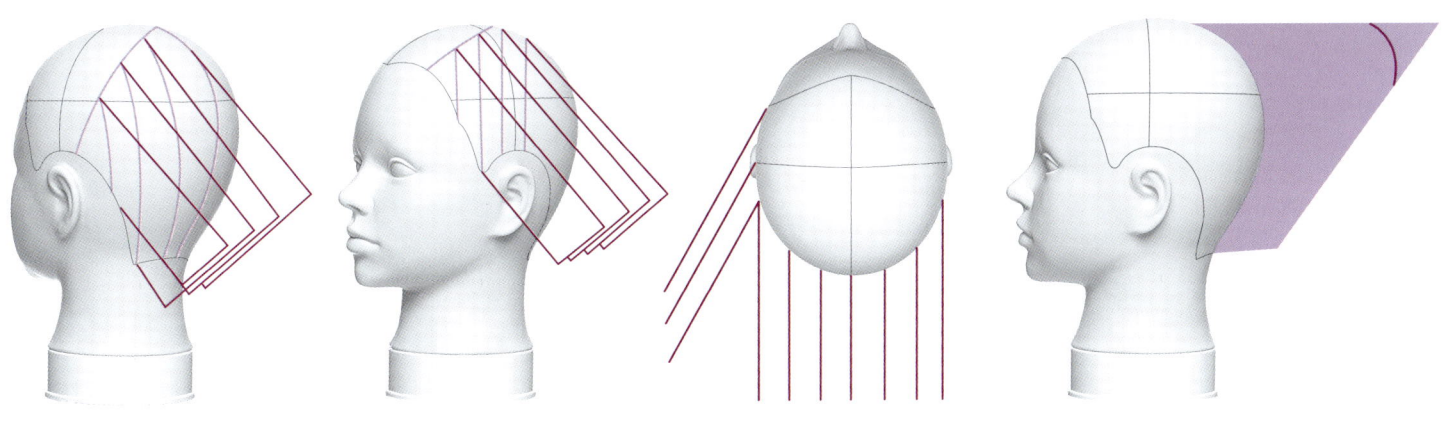

バックのグラデーションが切れた。すべて真後ろに引いて切ったので、センターが短く、耳後ろが長い前下がりのラインになっている。

サイドのベースカット

サイドパートで分け、ライトサイドから切る。縦スライスを後方に引き出し、バックをガイドにカットする。

フロントまで、すべてのパネルを平行になるよう引き出して、グラデーションでカットする。

パートまで同様にカットする。

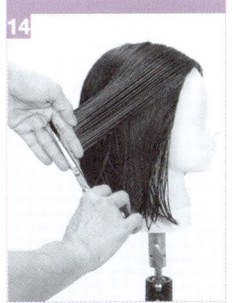

バックからフロントまで、同様にカドを落とす。反対側も同様にカット。

もう少し表面に丸さを出す。再びはち上にスライスをとり、オンベースに引き出す。さらにハイグラに、レイヤーに近いラインでカットする。

縦スライスで同様にフロントまでカットする。

ここまでの状態。ウエイト部分のフォルムが丸くなった。

フロント

フェーススラインと平行にスライスをとって前方に引き出し、あご下の長さでカットする。このカット位置に届く範囲をすべて前方にシェープして切る。

重さがたまりやすい耳後ろに、セニングを入れて毛量を減らす。

ブロー前のカット終了。

ドライカット

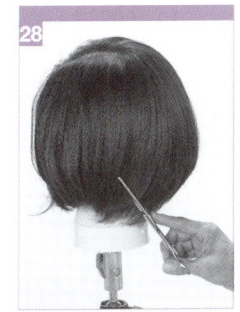

ネープにセニングを入れて柔らかさを出す。

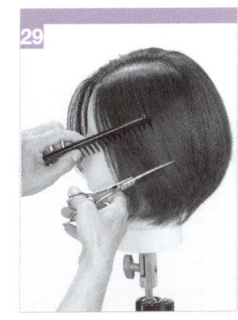

ウエイトラインにセニングを入れて柔らかくする。

フロントからサイドにかけて、スライドカットの要領でセニングを入れて軽さを出す。

Category Ⅰ **TATE SLICE BOB**

縦スライスボブ2
ウエイト位置が
やや高めのスタイル

Category I TATE SLICE BOB

縦スライスボブ スタイル2
ウエイト位置が やや高めのスタイル

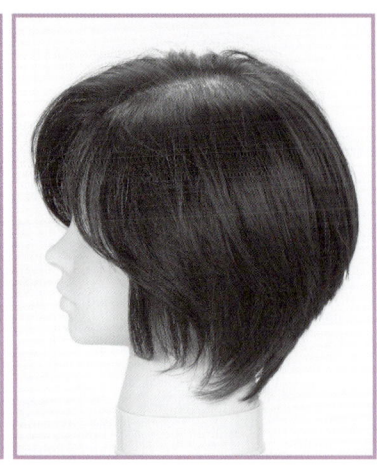

パネルを縦にとり、平行に引き出して切っていくのはスタイル1と同じですが、段差が広くついてすその動きが表現しやすくなっています。あまりカチッとしているより、髪のゆらいだ感じが好きな人におすすめ。パーマとの組み合わせも多いスタイルです。

バックのベースカット

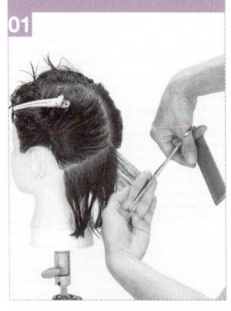  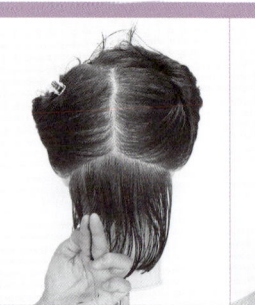 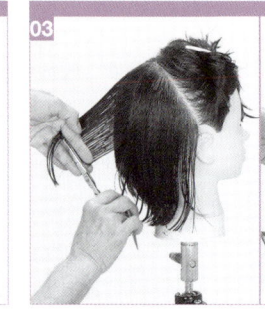

01 ウエイト位置をイメージしておく。バックのセンターから縦スライスをとり、60度で引き出してカットする。

02 セクションの端まで、すべてセンターと平行に引き出し、同様にカットする。放射状には引き出さない。

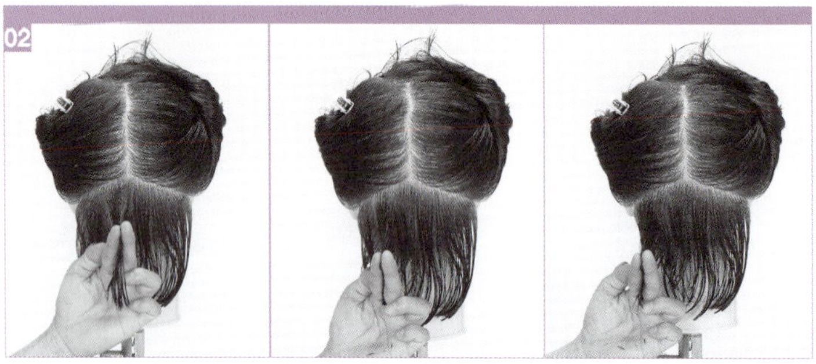

03 次のセクションも縦スライスを真後ろに引き出してカットする。最後のセクションまで同様にカット。

 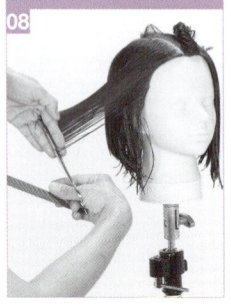   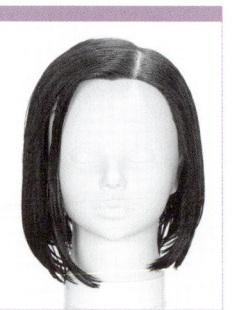

07 逆側も縦スライスを後方に引いてカットする。

08 ヘビーサイドのフロントは、短くならないよう特に気をつける。後方に引くことを意識して長さを残す。

09 ここでチェックカットをしておく。Cシェープして、切り口のラインからはみ出る、内側の髪を切り落とす。

10 グラデーションのベースができた。全体を後ろに引いて切ったので、前下がりのラインができている。

フォルムを整える

11 頭のはちから上に縦スライスをとり、床と平行に引き出す。

フロント

    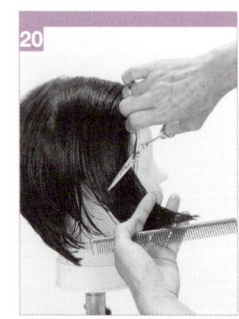

16 さらにハイグラに、レイヤーに近いラインでカットする。頭一周行う。

17 フェースラインと平行にスライスをとって前方に引き出し、口元の長さでレイヤーカットする。

18 スタイル1は同じ位置で切ったが、このスタイルはフロントをもっと軽くしたいので、第2スライス以降はリフトしてカットする。この位置に届く範囲の髪をすべてカットする。

19 ヘビーサイドは第1スライスを髪を下ろした状態でライトサイドとそろう位置でカット。第2スライス以降はリフトして切る。

20 Cシェープして、内側の髪を表に出し、スライドカットで削って顔まわりの重さをとる。逆側も行う。

パート上のチェック

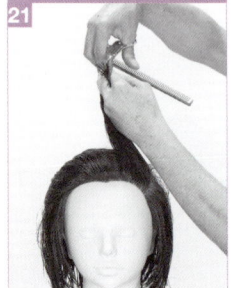

21 パート上のチェックカット（p.15参照）をする。ヘビーサイドとライトサイドの表面の長さをそろえる。

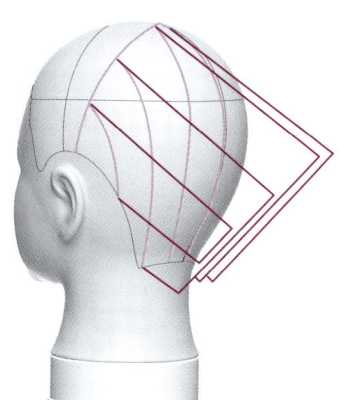
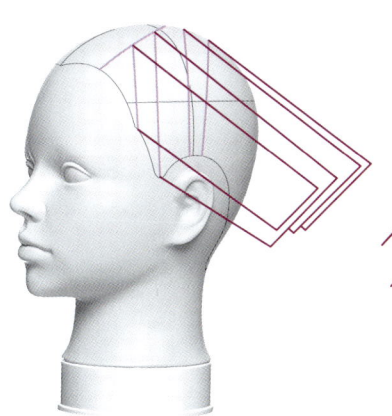
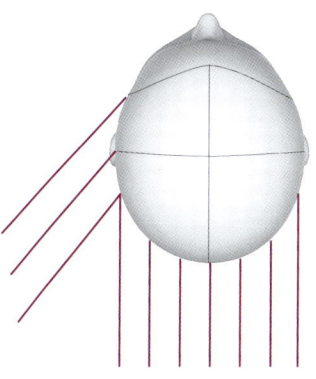
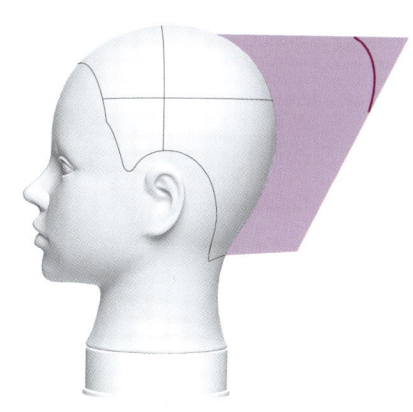

サイド

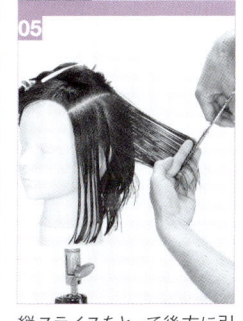

04 バックのグラデーションが切れた。すべて真後ろに引き、すべてのパネルのカットラインが平行になるように切ったので、センターが短く耳後ろが長くなっている。

05 縦スライスをとって後方に引き出し、バックをガイドにカット。スタイル1より少し手前に、後方へ引いて切る。

06 フロントまで、すべてのパネルを平行に、後方に引き出してグラデーションカットする。

11 パネルの下端の長さはキープしたまま、元の切り口よりハイグラにカット。バックをすべてこのパネルと平行に引き出して切る。

12 ベースカット同様、後方へ引きながら、サイド、フロントへハイグラにカットする。

13 反対側も同様に切るが、こちらはライトサイドなので、ヘビーサイドほど後方にシェープせずにカットする。

14 はち上とはち下の間に縦スライスをとり、70度に引き出す。レイヤーとグラの間のカドを切り落とす。頭一周行う。

15 もう少し表面に丸さを出す。再びはち上にスライスをとり、オンベースに引き出す。

量感調整・質感調整

22 毛流れを出したい方向に削ぎを入れる。フロントは前から後ろ、サイドの毛先は後ろから前へ。

23 ブロー前のカット終了。

ドライカット

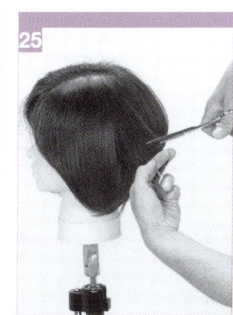
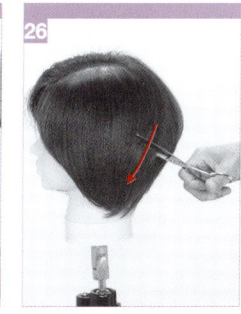

24 フロントにレイヤーのラインでセニングを入れる。切り口のラインに沿って削ぎを入れれば、質感が汚くならない。

25 重さが気になる部分には、縦に毛束をとってポイントで削ぎを入れる。

26 毛先の動きをなめらかにするために、後ろから前にセニングを入れる。

27

Category I **TATE SLICE BOB**

縦スライスボブ3
ウエイト位置が高いスタイル

Category I TATE SLICE BOB

縦スライスボブ スタイル3

ウエイト位置が高めのスタイル

3点の中ではもっともバックのウエイト位置が高く、横顔がスッキリ見えるスタイルです。すそが薄く動きを出しやすいのも特徴。縦スライスを床と平行に近い高さに引き出して切りますが、そのままではえりあしにしまりがないので、後からさらに切り込んでいきます。

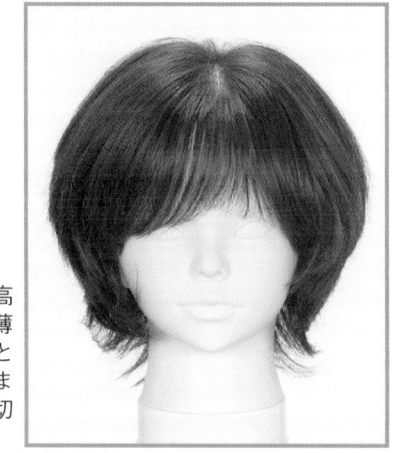

バックのベースカット

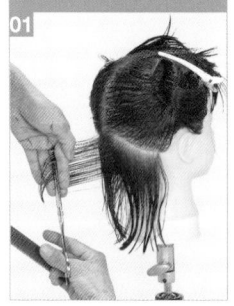

01 バックのセンターに縦スライスをとり、床と平行に引き出す。ウエイト位置を計算して長さを決め、垂直なラインでカット。

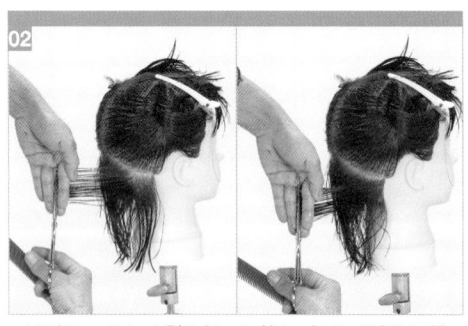

02 1と平行にスライスを引き出して、端まで切る。逆側も同様にカット。

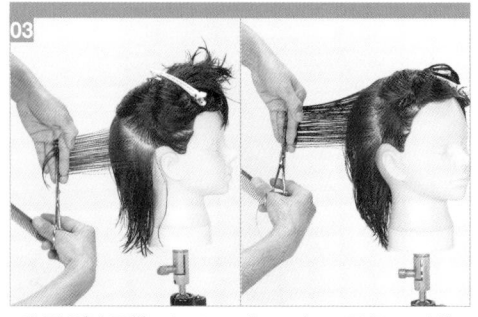

03 2段目以降も同様にカット。パネルはすべて平行に、真後ろに引き出して切る。イア・トゥ・イアまで同様にカットする。

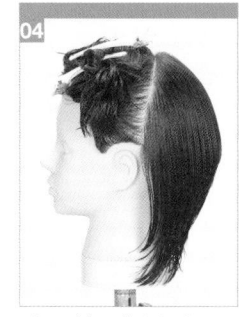

04 バックを切り終えたが、このままではネープがもたついている。

09 反対側も同様にカット。

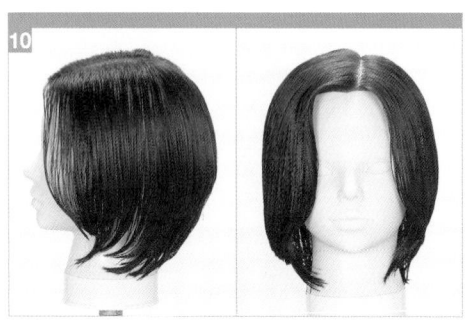

10 フォルムのベースができた。このままではなめらかさがないので、ここからフォルムを整えていく。

フォルムを整える

11 まずパート上のチェックカット。パートをまたいでスライスをとり、前上に引き上げ、カドを落とす。つむじ前からフロントまでチェックする。パネルは後ろに引き気味にする。

フロント

14 ここまでの状態。フォルムのカドがとれ、丸みが出てきた。

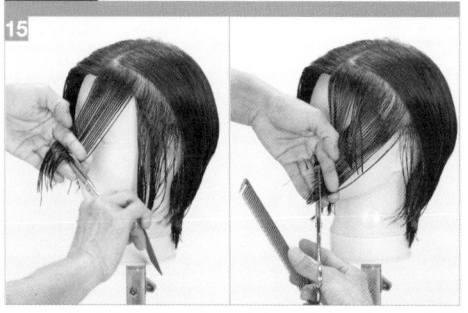

15 フェースラインと平行にスライスをとり、前方に引いて、前髪と顔まわりの髪をレイヤーカットする。まずライトサイドから。

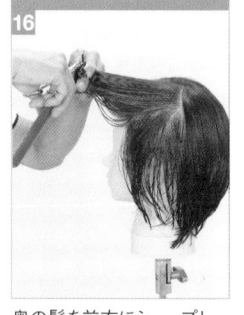

16 奥の髪を前方にシェープし、床と平行にリフトして、15をガイドにカットする。

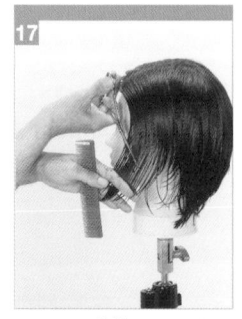

17 フロントの内側にスライドカットを入れてえぐり、軽さを出す。

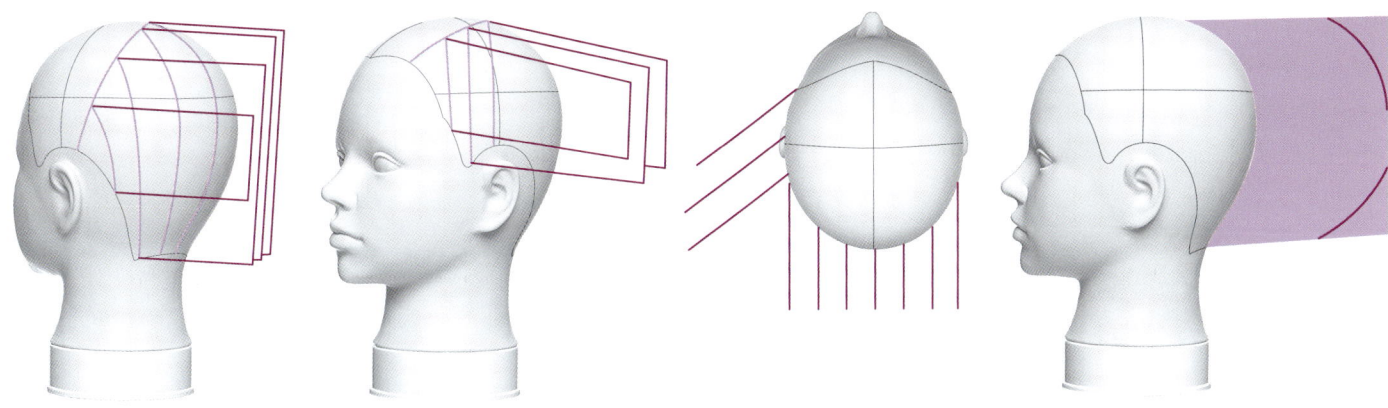

05

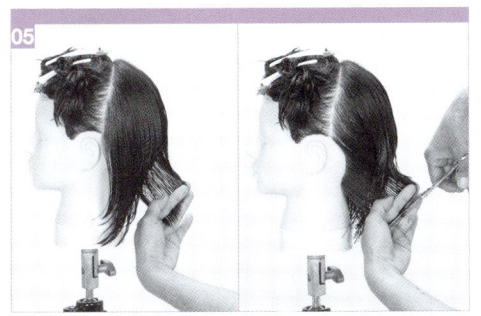

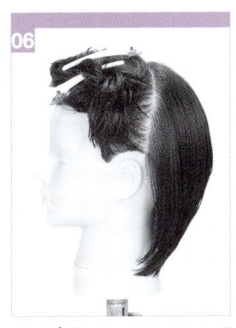

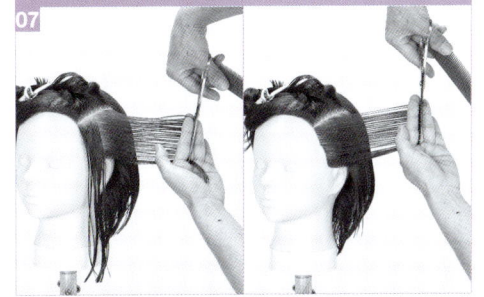

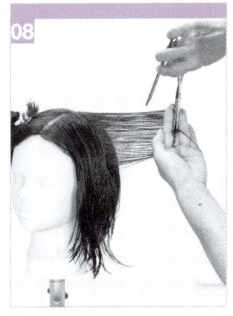

ネープに縦スライスをとり、60度の高さで真後ろに引き出す。ネープはレイヤーの切り口になっているので、グラのラインで切り直す。

06

ネープがしまってフォルムが落ち着いた。

サイドのベースカット

07

サイドも縦スライスを床と平行な高さで引き出し、垂直なラインでカットする。スタイル1、2ほどは大きく後方に引かない。

08

トップまで、高さは床と平行、引き出す方向はやや後ろでカットする。

12

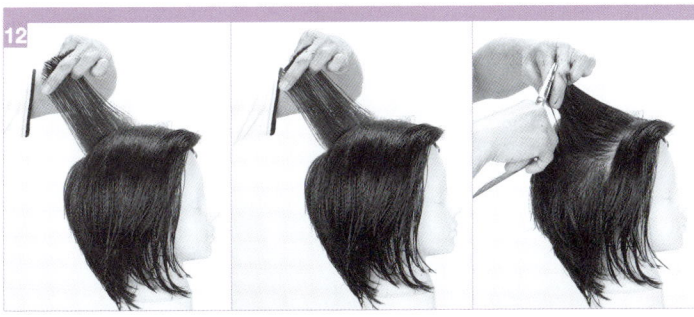

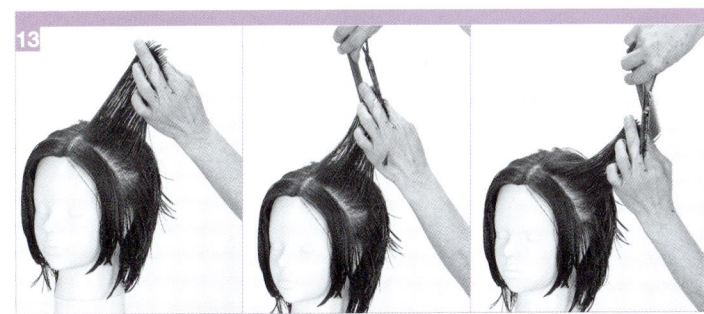

表面に丸さをつける。頭のはち上をオンベースで引き上げると、切り口にカドが表れる。このカドを切り落とし、セイムレイヤーのカットラインに近づける。はち上一周、同様のカットをする。

13

はち上とはち下の間に縦スライスをとり、オンベースに引き出すと、カドがあるのでこれを落とす。その下を引き出すとまたカドがあるので、これも落とす。

18

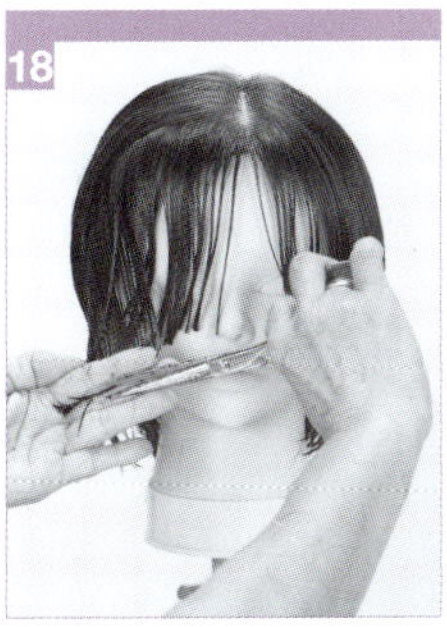

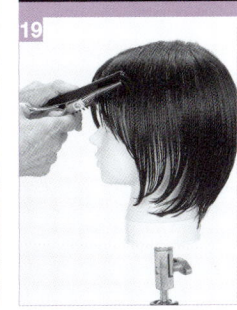

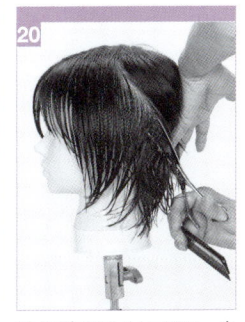

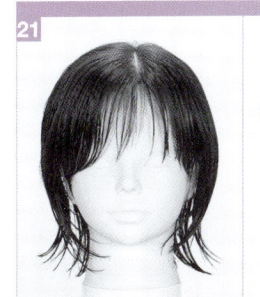

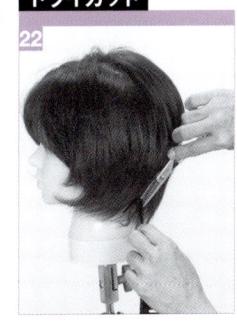

ヘビーサイドもライトサイドと同様に切るが、前髪はライトサイドとつなげず、長めにしておく。

毛量調整・質感調整

19

フロントの毛先にセニングを入れ軽さを出す。

20

重さが気になるところは、表面の髪を避け、内側にセニングを入れて毛量を減らす。

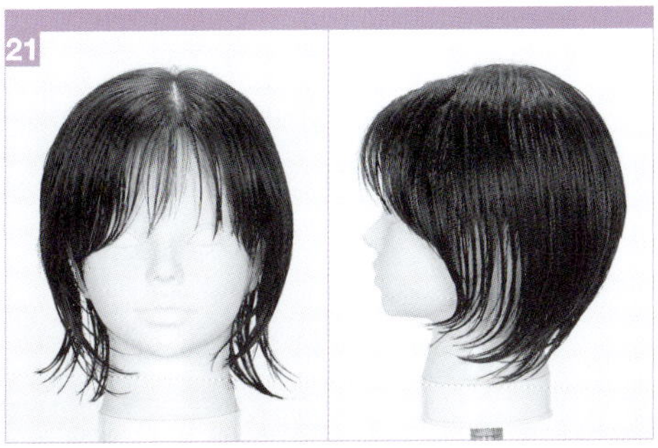

21

ブロー前のカット終了。

ドライカット

22

えりあしにセニングを入れた後、さらに軽さを出すため、ポイントで毛束をとって根元から削ぐ。1、2センチ間隔で行う。

Category Ⅱ　YOKO SLICE BOB

大人のマストスタイル Ⅱ
横スライスボブ

横スライスで切るボブは大人っぽい縦スライスボブに比べてテイストが若いので、50代より40代のお客様におすすめのスタイルです。重さがあるという特性が変に幼い印象につながらないよう、なめらかなフォルムを作って大人向けに洗練させる必要があります。

Style 1
バックにグラをつけた ワンレングス

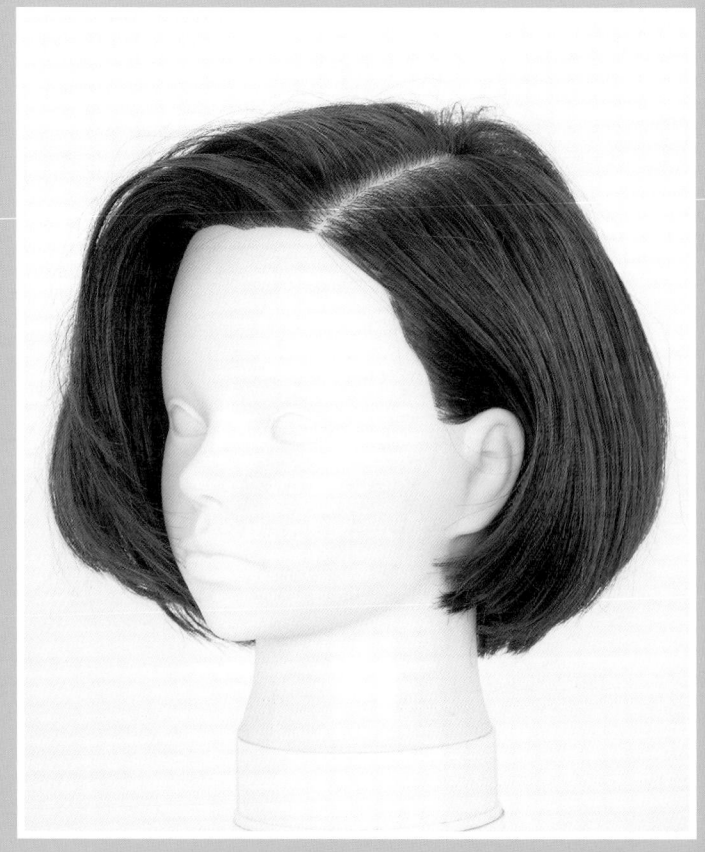

Style 2
レイヤーで動きを出したボブ

Style 3
前髪のある重ためボブ

Category II **YOKO SLICE BOB**

"大人の横スライスボブ"分析

ワンレングスをどうアレンジするか

横スライスボブの原型はワンレングス。これを変化させてバリエーションを作りますが、この本では以下の3つのスタイルを紹介しています。

スタイル1　ワンレンのバックをヒップアップさせる

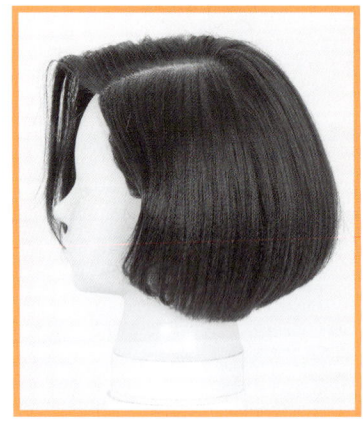
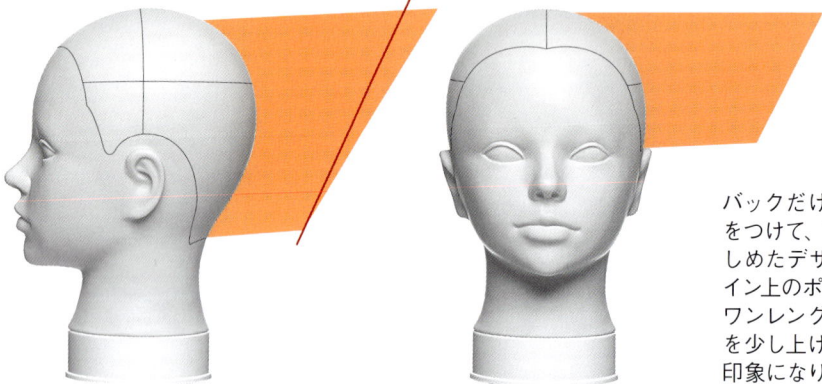

バックだけにグラデーションをつけて、フォルムをきゅっとしめたデザイン。重さがデザイン上のポイントになっているワンレングスですが、バックを少し上げるだけでも軽快な印象になります。

スタイル2　ワンレンにふんわり動きを与える

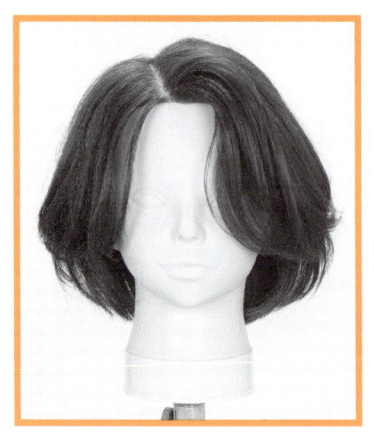
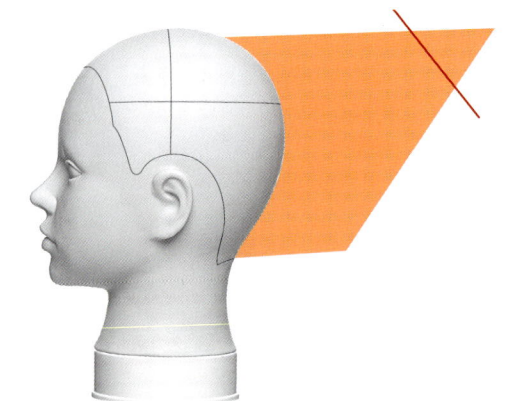

面とラインで作られていて、動きはないはずのワンレングスに動きを出したデザイン。一番今っぽいデザインです。ワンレンを切った後、表面の髪に段差をつけて作ります。

スタイル3　フロントを前上がりにして前髪を作る

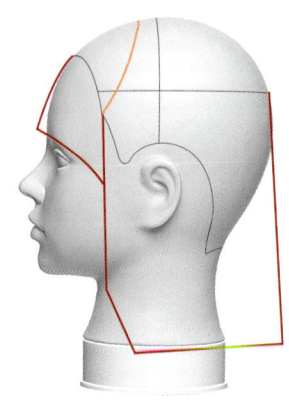

フロントが長いスタイル1と2はいかにも大人の女というイメージですが、前髪を作ったこちらのスタイルはかわいらしいイメージ。最初に前髪をカットし、アウトラインのフロントだけ前上がりラインで作ります。

フォルムをなめらかにする丸みのつけ方

横スライスボブのウエイトは低い位置にあります。そのままだと大人世代にはもっさりしたイメージになりがちなので、なめらかなフォルムを作って洗練度を上げましょう。あまり髪を動かさないスタイル1、3と違い、動かしてふんわりさせたいスタイル2は最後にレイヤーカットを加えます。

スタイル1、スタイル3

グラデーションの角度をゆるめ、その下をチェックカット。

1 頭のはち上を縦スライスで床と平行に引き出す。グラのラインをもっとレイヤーに近いラインで切り直す。
2 次は60度に引き出してカット。3 さらに45度に引き出してカット。角度を下げながら、切り口にカドが表れるところまで行う。4～6 バック、サイドとも同様に引き出してチェックカットする。

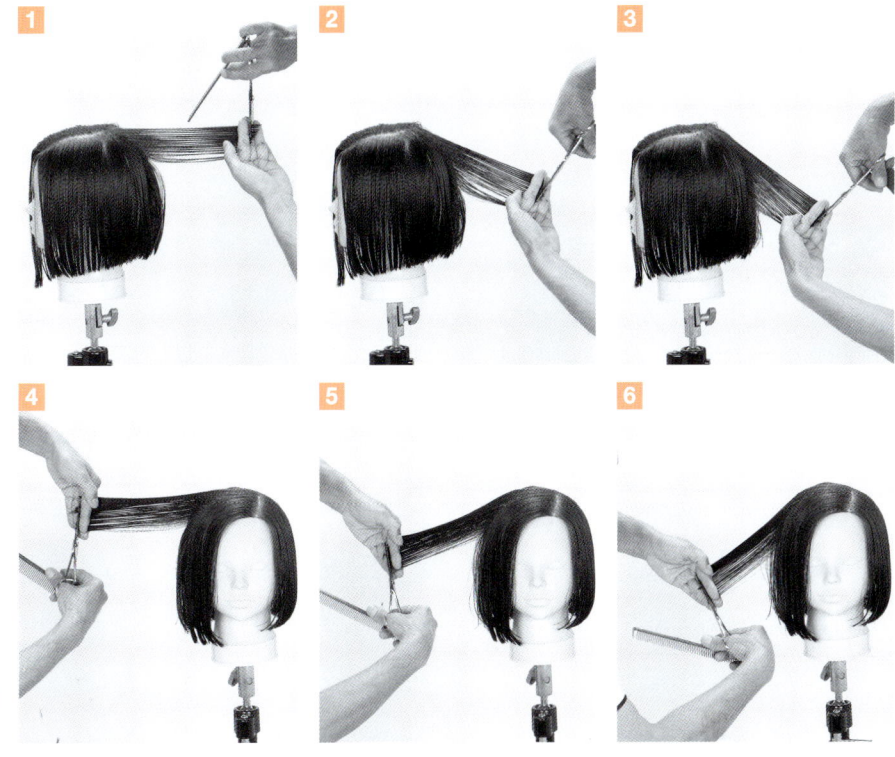

スタイル2

ウエイト部分に丸みを出した後、表面にレイヤーを入れる。

1 頭のはち上を縦スライスで床と平行に引き出す。グラのラインをもっとレイヤーに近いラインで切り直す。
2 そのまま前に切り進み、サイド、フロントまでカット。
3 頭のはち下の髪も合わせてスライスをとり、60度に引き出すと切り口にカドが出てくるのでこれを落とす。4 サイドもフロントまで同様にカットする。5、6 再び頭のはち上にスライスをとり、オンベースで引き上げて、パネル下端の長さをガイドにレイヤーカット。

Category Ⅱ　**YOKO SLICE BOB**

横スライスボブ1
バックにグラをつけた
ワンレングス

Category II YOKO SLICE BOB

横スライスボブ スタイル1
バックにグラをつけた ワンレングス

長い前髪をかきあげる仕草が女っぽいデザインです。ワンレングスのベースに、バックだけグラをつけ、少しだけヒップアップさせています。表面にあまり段差をつけるとデザインが崩れるので、フォルムを整えるカットの際は注意しましょう。

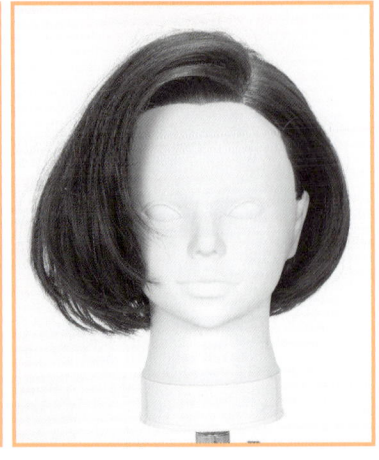

バック

01 ななめスライスをとり、ダウンシェープして想定した長さでカット。

02 ななめスライスとダウンシェープでトップまで切り進む。サイドに近い部分は、自然に落ちる位置にダウンシェープしてカット。

サイド

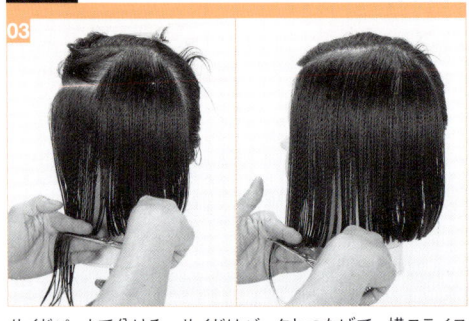

03 サイドパートで分ける。サイドはバックとつなげて、横スライスをダウンシェープして切る。

04 反対側のバックとサイドも同様にカットする。ヘビーサイドのフロントは長さを残すため、顔の前ではなく横にシェープして切る。

09 同様にトップまで切り進める。サイドとラインをつなげてなじませる。

10 反対側も、バック中心にグラデーションをつける。

11 ここまでの状態。バックのウエイトが少し上がり、ヒップアップしている。

フォルムを整える

12 バックのセンター、頭のはち上に縦スライスをとり、床と水平に引き出すとグラデーションの切り口が表れる。

18 17を切った位置に届く範囲の髪をチェックカットする。

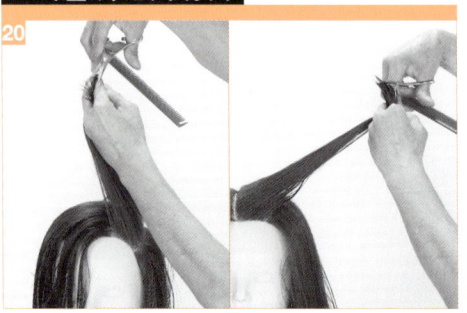

19 ヘビーサイドも同様にフロントをカットする。長いフロントがポイントのスタイルなので、短くなり過ぎないように注意する。

パート上のチェックカット

20 パート上のチェックカット(p.15参照)をする。ヘビーサイドとライトサイドの表面の長さをそろえる。

21 バックのつむじ付近に三角ベースをとり、パネルを引き上げ、切り口からはみ出す部分を切り落とす。

毛量・質感調整

22 毛束を縦に引き出し、内側から外側へセニングシザーを移動させて、グラデーションのラインで削ぐ。

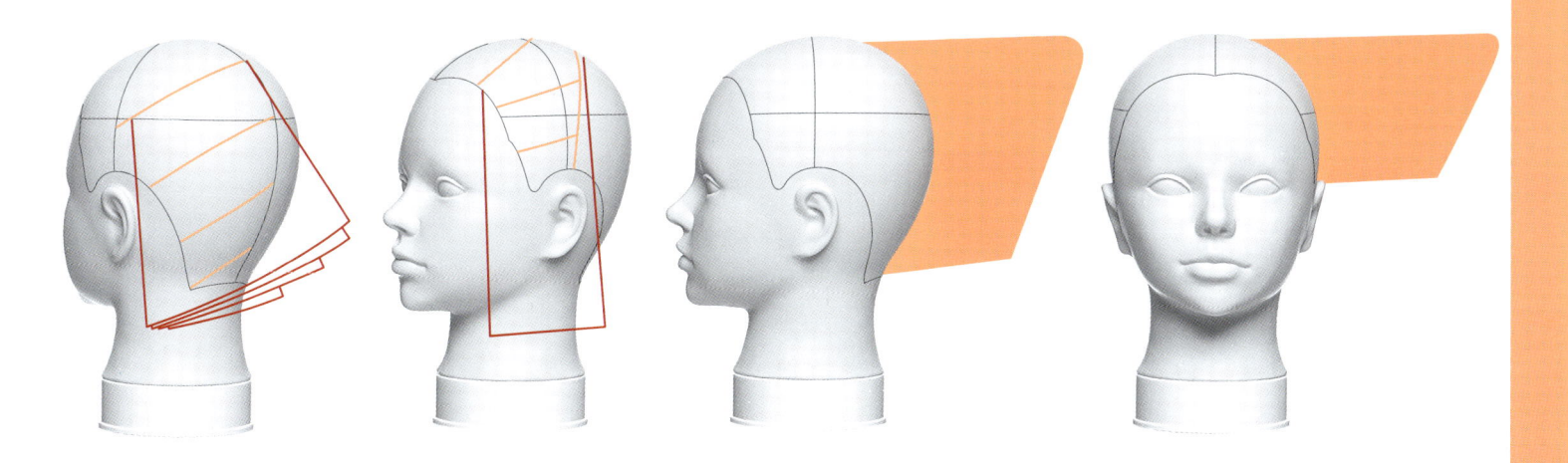

ラインのチェック

05 Cシェープして、すその毛先からはみ出す部分を切り落としておく。

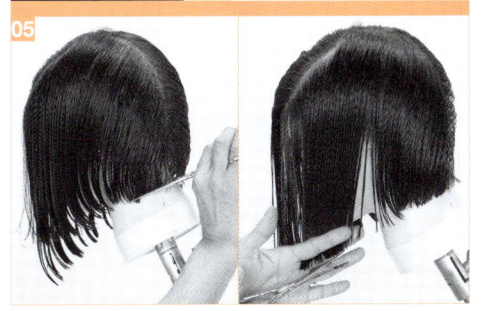

06 ワンレングスのカット終了。このままだと若干重いので、バックだけさらにグラをつけていく。

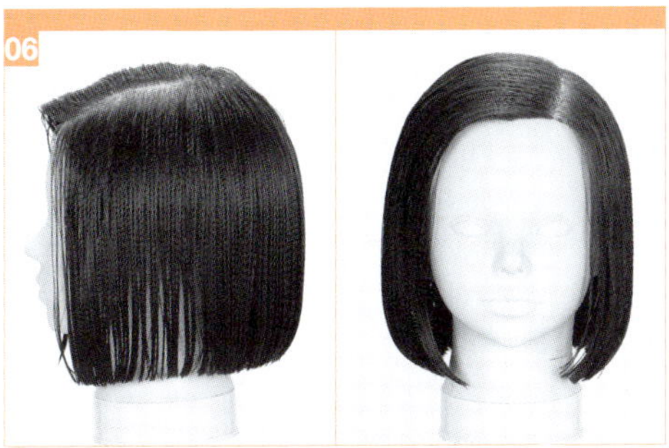

バックだけにグラをつける

07 ななめスライスをとり、パネルのセンターを45度リフトし、サイド寄りは0度で引き出す。パネルの左端の長さをガイドにカットする。

08 このようにセンターだけリフトして切っていく。

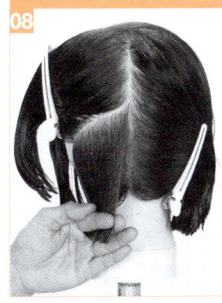

13 表面がもっと短くなるようなラインでカットする。パネル下端の長さは切らないこと。

14 次に60度くらいで引き出して、切り口にあるカドを落とす。

15 さらに下の髪を合わせて45度に引き出し、チェックカットする。12〜15を頭一周行う。

16 横スライスボブの重さは残しつつも、ウエイトラインになめらかさが出ている。

フロント

17 顔まわりの髪を前方にシェープしてカットする。

23 ウエイトラインにも削ぎを入れて柔らかくする。

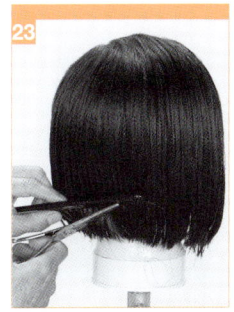

24 フロントにレイヤーのラインでセニングを入れ柔らかさを出す。

25 ブロー前のカット終了。

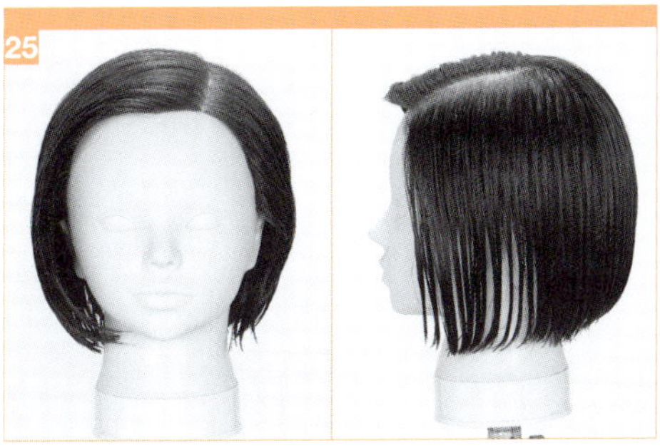

ドライカット

26 ウエイトラインに重たい部分があったら、セニングシザーで落とす。

27 フロントの重さが気になるならセニングでぼかす。

39

Category Ⅱ　YOKO SLICE BOB

横スライスボブ2
レイヤーで動きを出したボブ

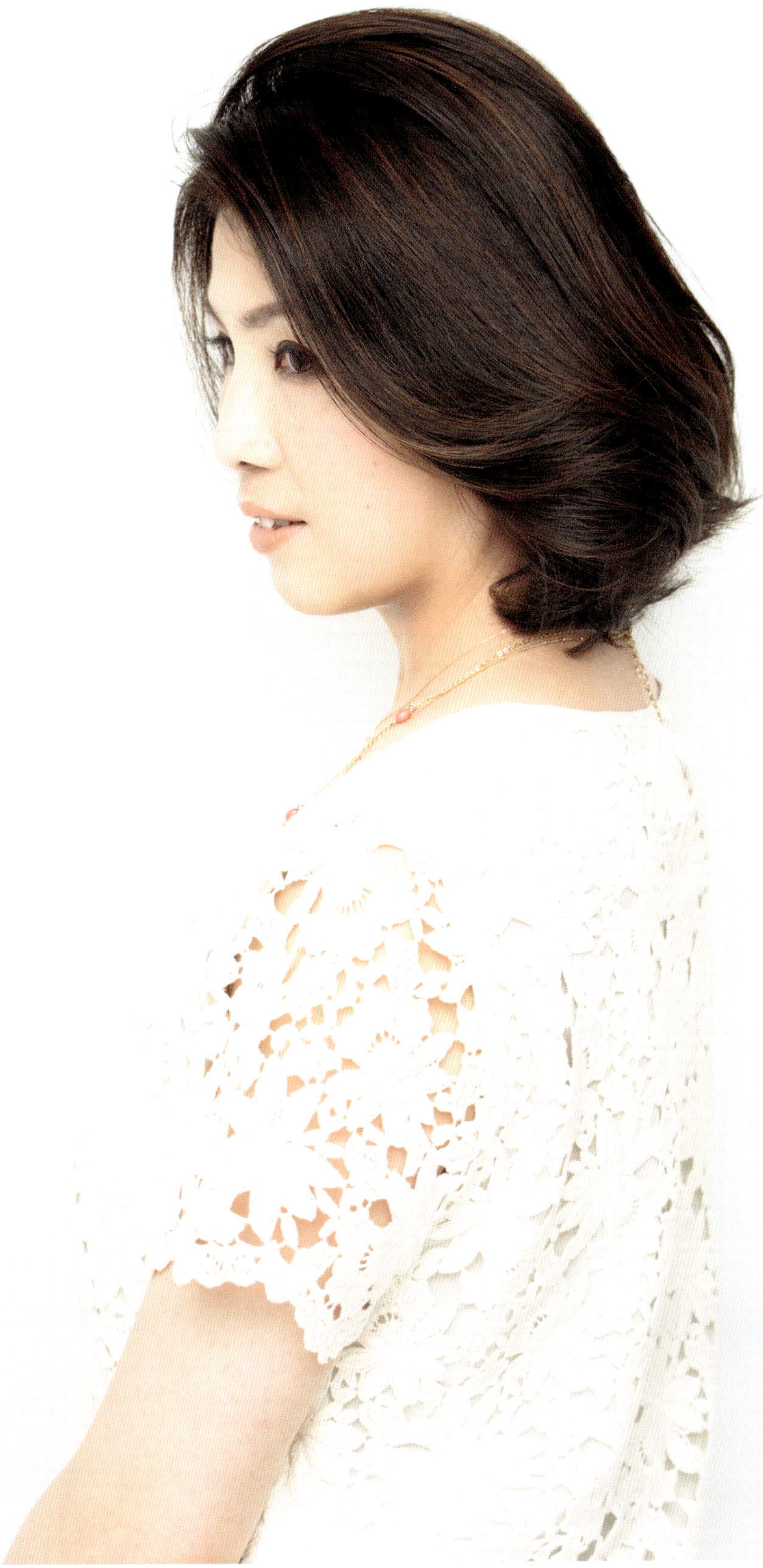

Category II　YOKO SLICE BOB

横スライスボブ スタイル2
レイヤーで動きを出したボブ

スタイル1がエレガントで落ち着きのあるワンレングスだとしたら、こちらはアクティブな印象のワンレンです。レイヤーカットで動きとふんわりした広がりが出せるので、毛量が少ない人にもおすすめです。

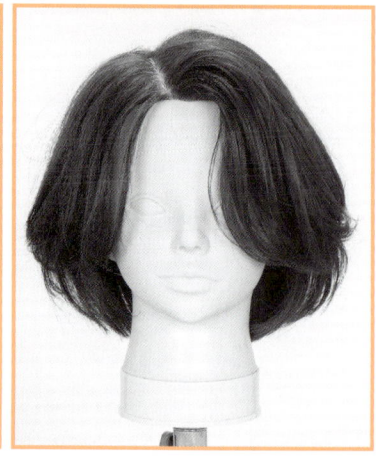

ベースカット

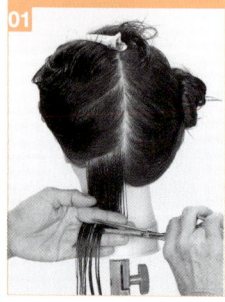

01 ネープにななめスライスをとり、ダウンシェープしてカット。

02 次のスライスからトップまで同様にカットする。サイド近くは自然に落ちる位置にダウンシェープして切る。

03 ヘビーサイドとライトサイドを分ける。横スライスをとり、ダウンシェープしてバックにつなげてカット。トップまで同様に切る。

04 ワンレングスのカットのベースが切れた。ヘビーサイドとライトサイドでフロントの長さを変えて切っている。

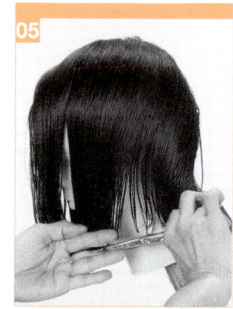

05 ラインのチェックカットをする。頭を前に倒して、前方にCシェープし、ラインからはみ出す内側の毛を切り落とす。

11 バックからフロントへ同様にカットする。

12 再び頭のはち上に縦スライスをとり、オンベースに引き出す。パネルの下端の長さに合わせて、セイムレイヤーの要領でカットする。最初からセイムレイヤーで切るとウエイトをコントロールしにくいが、この段階ならフォルムを崩すことはない。

13 同じ要領でバックからサイドへセイムレイヤーをカットしていく。

毛量調整・質感調整

18 ヘビーサイドのフロントも同様にカットするが、短くならないように注意する。

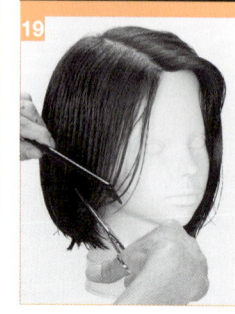

19 フロントの頬の位置から毛先までセニングを入れる。セニングシザーをやや後方に動かして削ぐ。

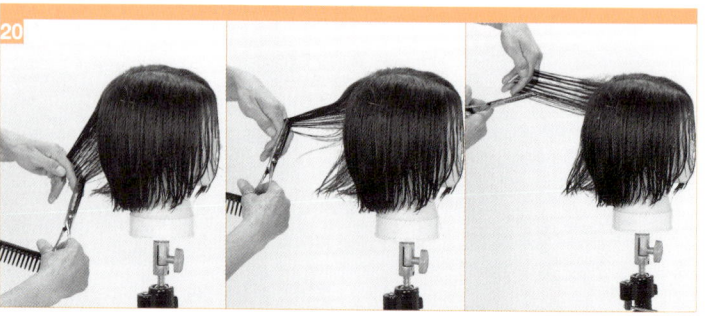

20 ネープから頭のはちまでを縦にスライスを引き出す。パネルを少しずつ持ち上げながら、下から上へ向かって、グラのラインで削ぐ。

21 今度はトップから頭のはちまでを縦にスライスをとり、レイヤーのラインで削ぎを入れる。

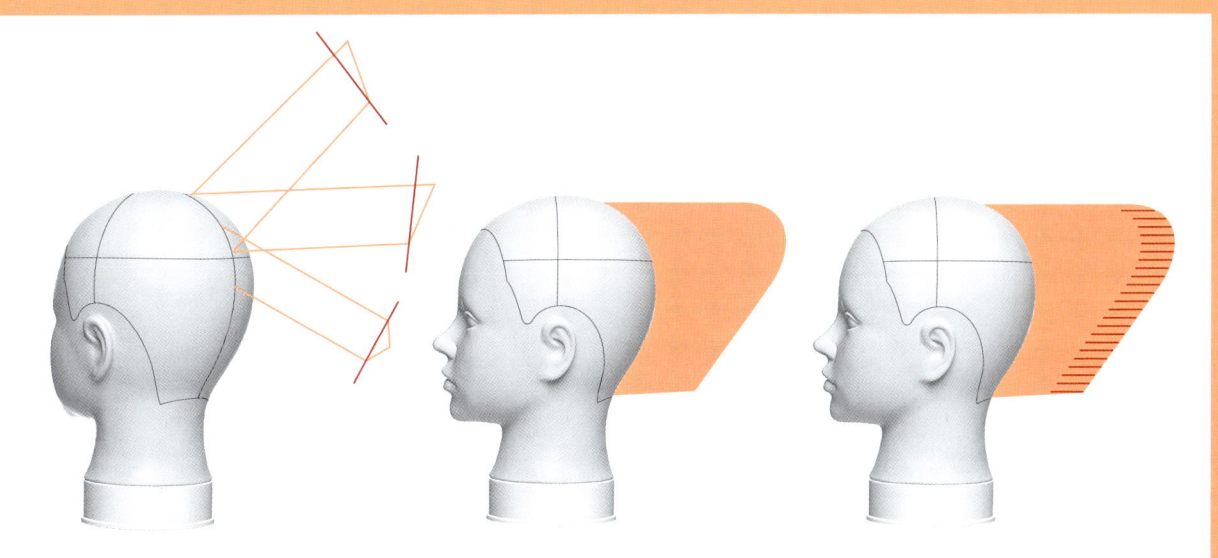

レイヤーをプラスする

06 バックのセンター、頭のはち上に縦スライスをとり床と水平に引き出す。パネルの上下の長さに差がある、ワンレングスの切り口になっている。

07 パネルの下端の長さは変えないで、表面が短くなるグラのラインで切り直した。この段階ではレイヤーカットはしない。

08 バックからフロントまで同様にパネルを引き出し、ゆるやかな角度でグラデーションカットしていく。

09 反対側も同様に、頭一周をカットしていく。

10 7〜9で切った部分の下から、縦スライスを60度に引き出す。チェックカットの要領で、切り口にあるカドを切り落とす。

14 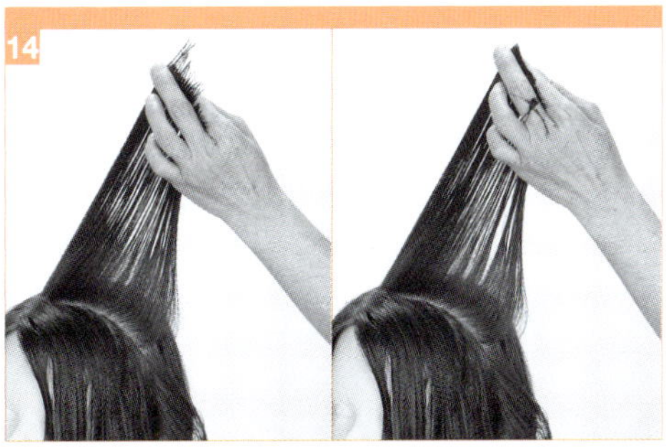 反対側も同様に、バックからフロントまで、頭のはち上をセイムレイヤーにカットしていく。

15 フォルムに丸みがついた。

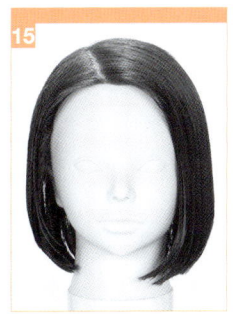

フロント

16 フェースラインに平行にスライスをとり、前方に引き出してレイヤーカット。

17 Cシェープして内側の髪をスライドカットで落とす。重さがとれ、顔へのなじみがよくなる。

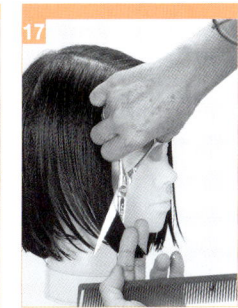

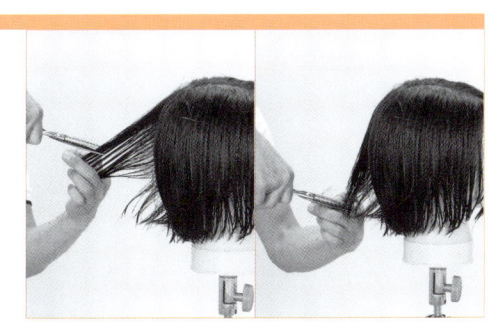

パネルを少しずつ下げながら削ぐ。20と21の削ぎを、頭一周行う。

22 ブロー前のカットが終了した。スタイル1や3に比べると、軽さのある状態になっている。

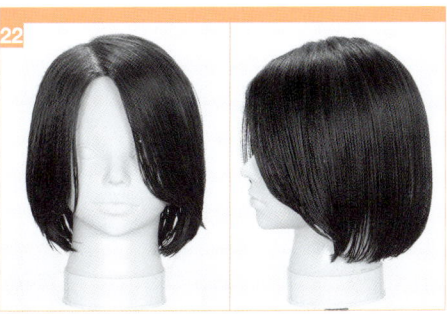

ドライカット

23 ネープのウエイトラインから下の重さをセニングで削る。

24 フロントに削ぎを入れて柔らかくする。

Category Ⅱ　YOKO SLICE BOB

横スライスボブ3
前髪のある重ためボブ

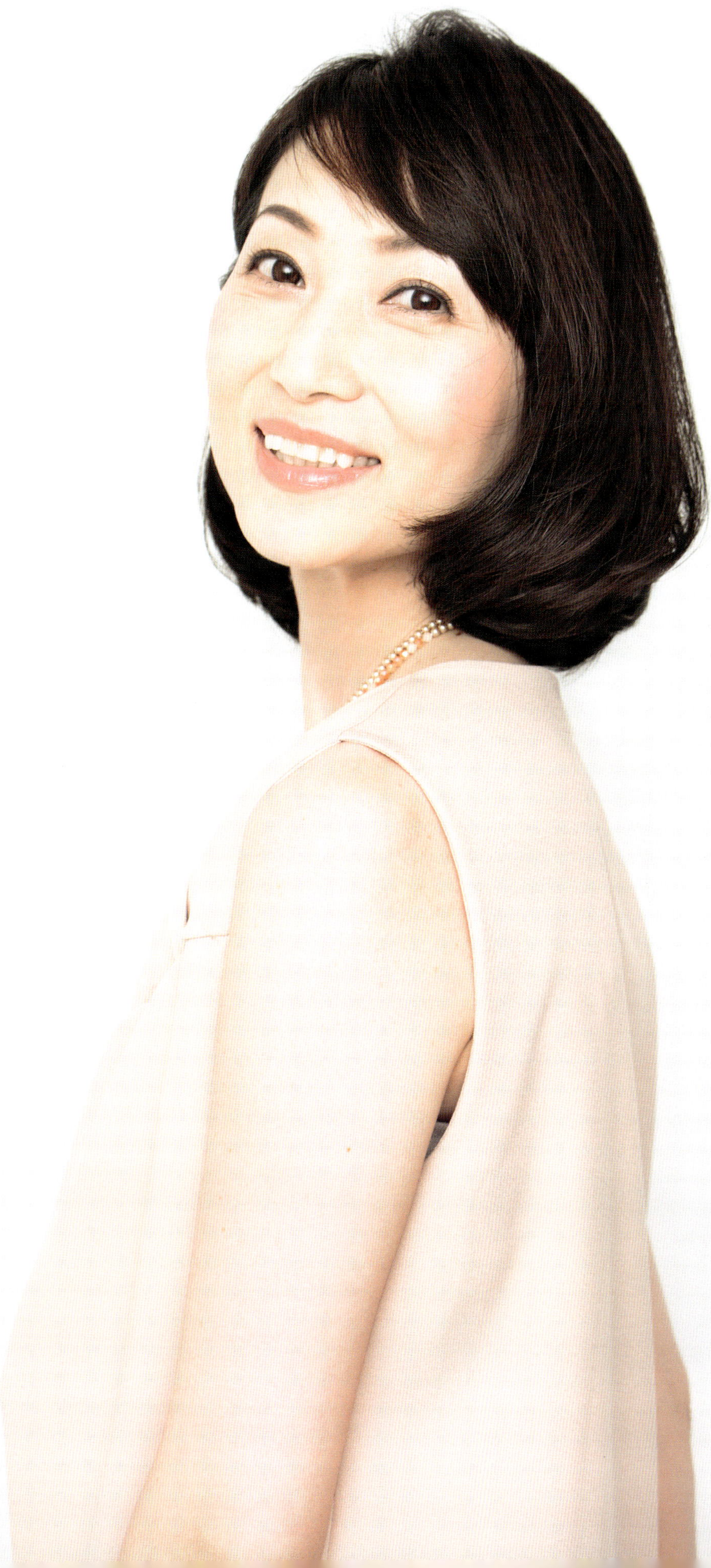

Category Ⅱ　YOKO SLICE BOB

横スライスボブ スタイル3
前髪のある重ためボブ

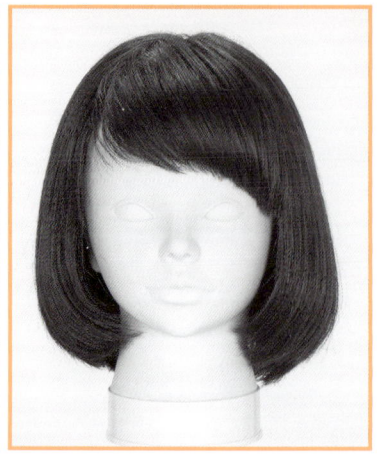

かわいらしいワンレングスを求める人向けの、前髪のあるスタイル。ベースを切ったあと段差をつけてフォルムに丸みを出しますが、重さを活かしたデザインなので、スタイル2のような幅広い段差はつけません。

バング

01 三角ベースをとる。両端に長さを残すため、全体をセンターに集めて一度にカットする。長さは目の下。

02 左右に分け、Cシェープして内側の髪を表に出し、ラインからはみ出す部分を切り落としておく。反対側も同じようにチェックカットする。

ベースカット

03 横スライスをとってダウンシェープし、バックからサイドを水平ラインで切る。

07 頭のはち上を水平に引き出して切った後、はち下をチェックカットしていく。60度、45度の角度で引き出して、ラインからはみ出す部分を切り落とす。

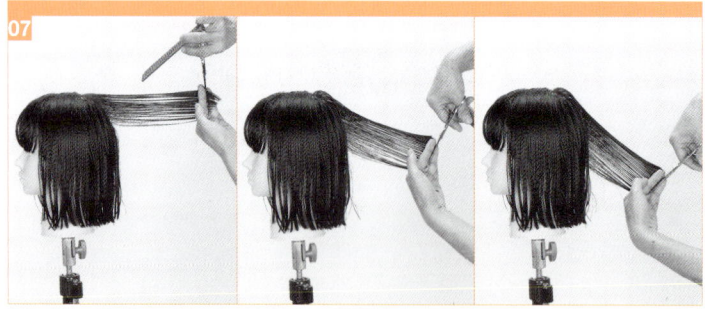

8 バックからフロントへと、頭一周カットして、フォルムに丸さを出していく。

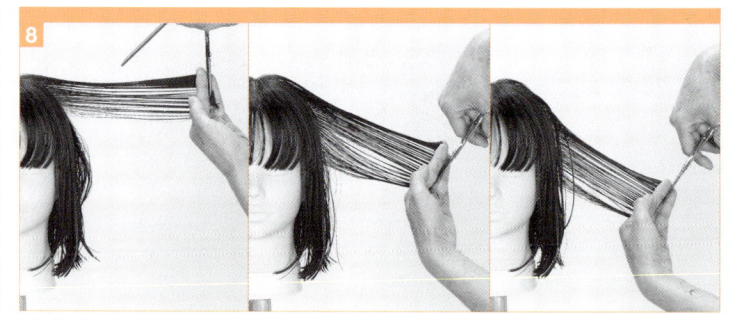

チェックカット

14 センターパート上の髪を左右にシェープして、チェックカットをする。

15 つむじ付近に丸くスライスをとって引き上げ、ラインからはみ出す部分を落とす。

毛量調整・質感調整

16 縦に毛束をとり、少しずつ持ち上げながら、グラのラインでセニングを入れる。バックからフロントまで同様に削ぐ。この削ぎですそが内巻におさまりやすくなる。

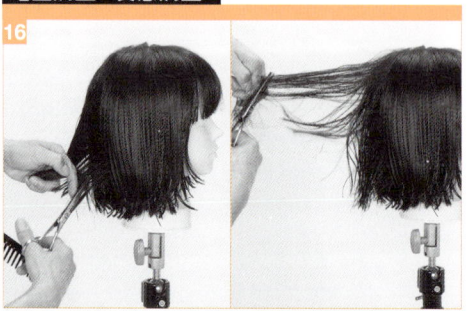

17 バングの端からセンターに向けてセニングを入れる。左右同様に行う。ラウンドのアウトラインとこの削ぎによって、バングがどちらにも流しやすくなる。

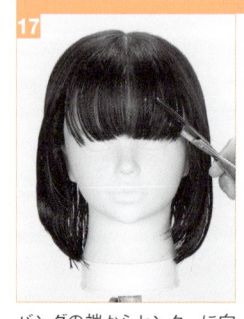

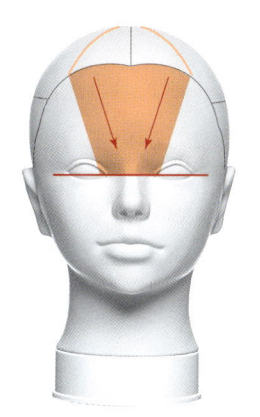

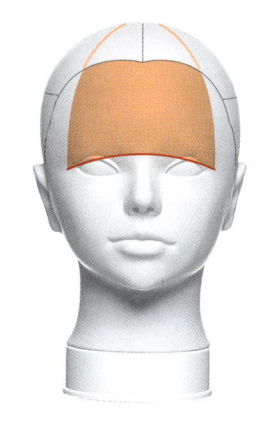

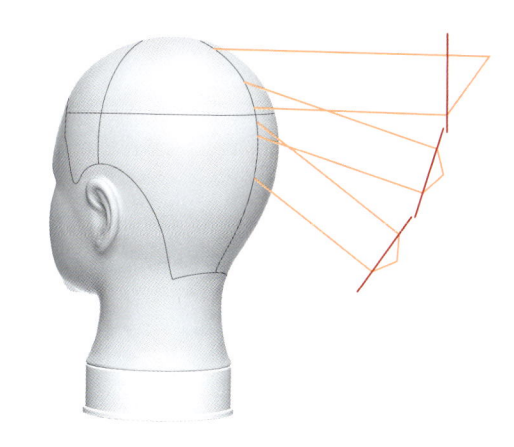

フォルムを整える

04 このようなワンレングスに切っておく。

05 頭を倒して、前方にCシェープして、ラインからはみ出してくる内側の部分を切り落とす。バックからサイド、フロントまで行う。

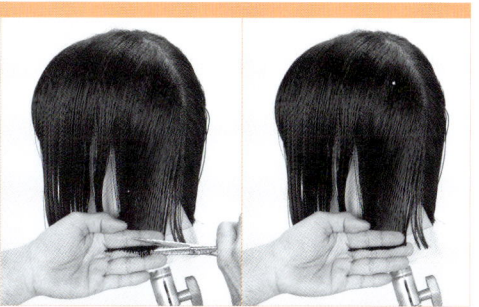

06 トップから頭のはちにかけて縦スライスをとり、床と平行に引き出す。パネルの下端の長さは保ちつつ、表面の長さが現状より短くなるようカットする。

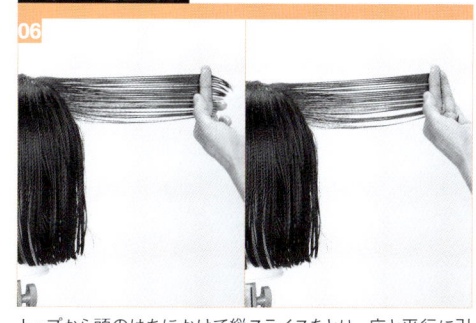

フロント

9 ワンレングスにていねいに段差をつけることで、丸みのあるフォルムになる。

10 フェースラインに平行にスライスをとり、前方に引き出してレイヤーカット。

11 10を切った位置に届く範囲の髪を同様に前に引いて切る。

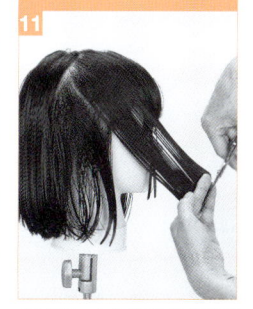

12 内側の髪を削いで軽さを出す。毛先に向かってCシェープして内側の髪を表面に出し、スライドカットで削る。

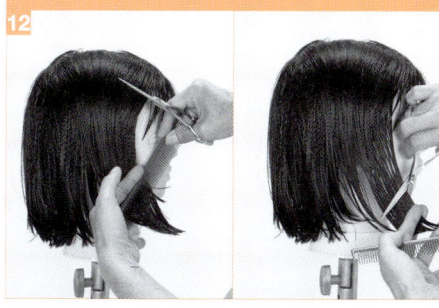

13 前上がりで、軽さのあるフロントになった。

ドライカット

18  フロント部分をレイヤーのラインで削ぐ。

19 ブロー前のカット終了。

20 ラインのチェック。Cシェープしてラインからはみ出す内側の髪を切り落とす。フロントからバックまで行う。

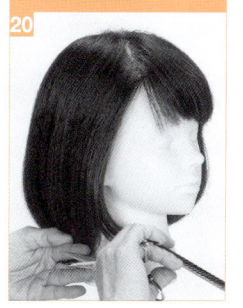

21 バングにセニングを入れ、ラインを柔らかくする。バックとサイドにもセニングを入れてウエイトラインを柔らかくする。

Category Ⅲ　SIDE GRADUATION

大人のマストスタイル Ⅲ
サイドグラデーション

古典的なサイドグラデーションは、すそが後ろに流れるデザインが特徴です。それだと今の時代はエレガント過ぎるので、サイドはリバースに流しても、バックで止めたスタイルが多くなっています。ここでは定番・あごレングスの他に、もっと短くてモダンなスタイルと前髪を作ってかわいらしくしたスタイルを紹介します。

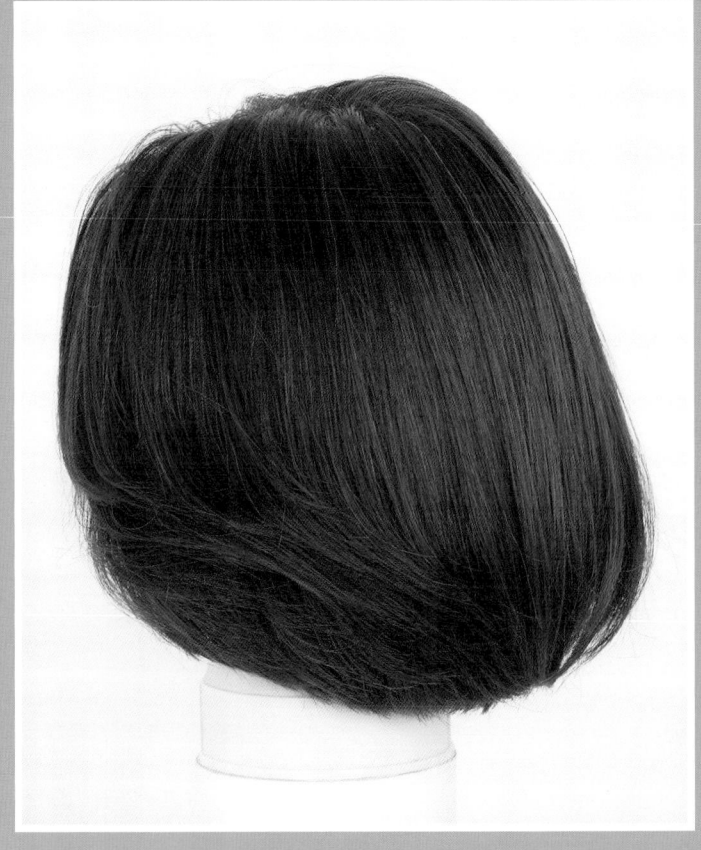

1
Style
フロントにレイヤーを
プラスしたスタイル

Style 2
バックをグラボブにした サイドグラ

Style 3
マッシュルーム風 ショート

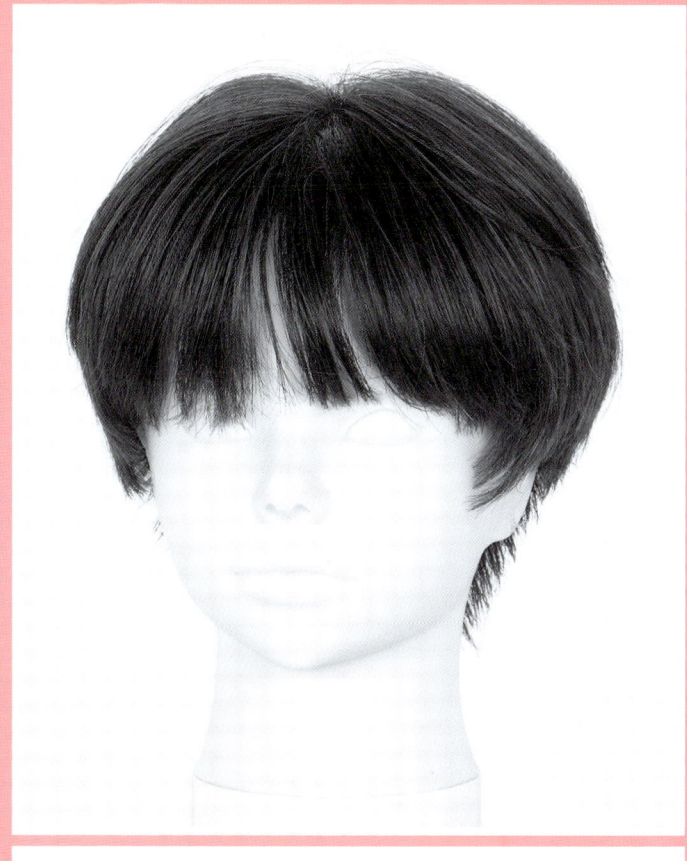

Category Ⅲ SIDE GRADUATION

"大人のサイドグラデーション" 分析

後ろへの毛流れが最大の特徴

すそに前上がりのグラデーションをつけることで、リバースの毛流れを出すというのがサイドグラのポイントです。
ただしあまりグラの幅が広いと古臭くなるので、最近はひかえめなデザインが多くなっています。

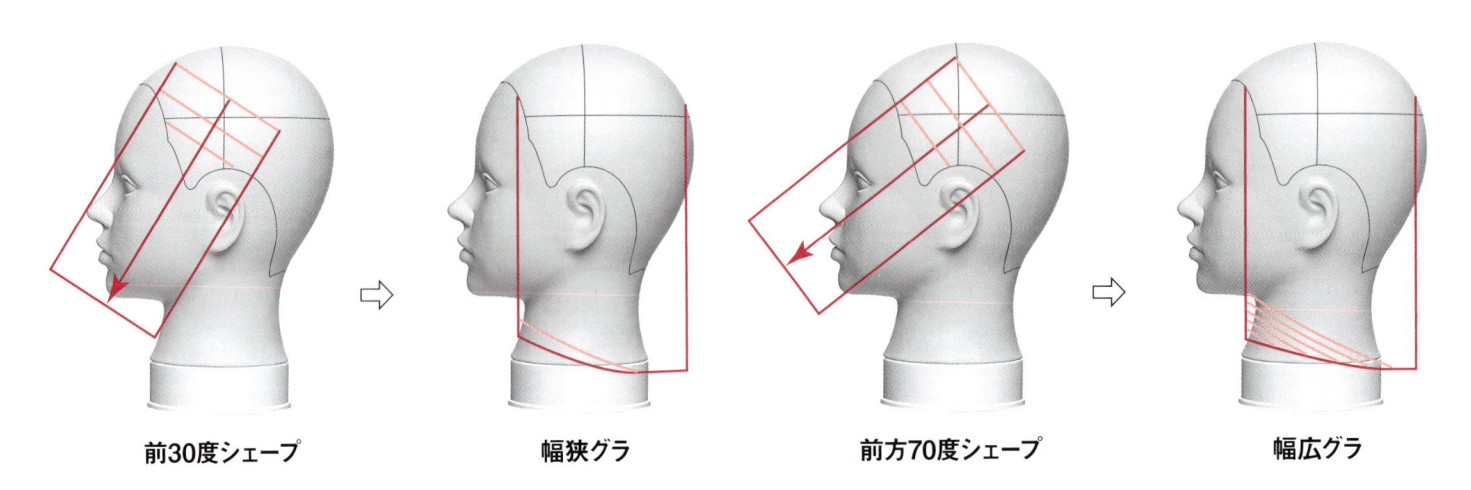

前30度シェープ → **幅狭グラ**　　**前方70度シェープ** → **幅広グラ**

ワンレングスはダウンシェープで切るが、それを前方へ引いてカットし、下に落ちた時のずれを段差とするのがサイドグラの技法。前方へ引く角度が高いほど、広い段差ができる。段差が広く、ラインの角度が前上がりなほどサイドが後ろに流れやすい。

他のボブに比べると
丸みを出すカットはひかえめ

18ページで比べたように、サイドグラは縦スラボブや横スラボブに比べると四角いフォルムのデザインです。
そのため他のスタイルのように、丸みをつけるカットは行いません。

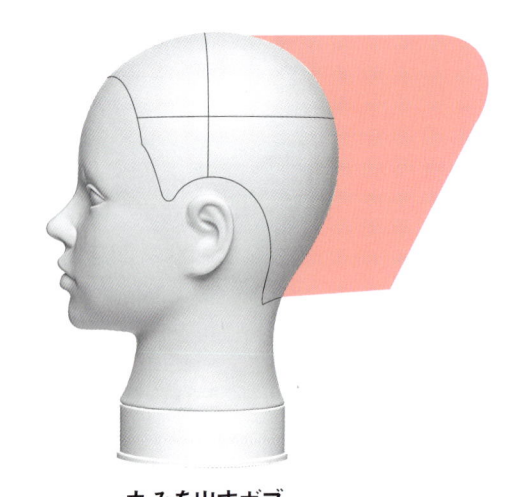

丸みを出すボブ
表面を短くしたり、ウエイト部分の形を丸める。

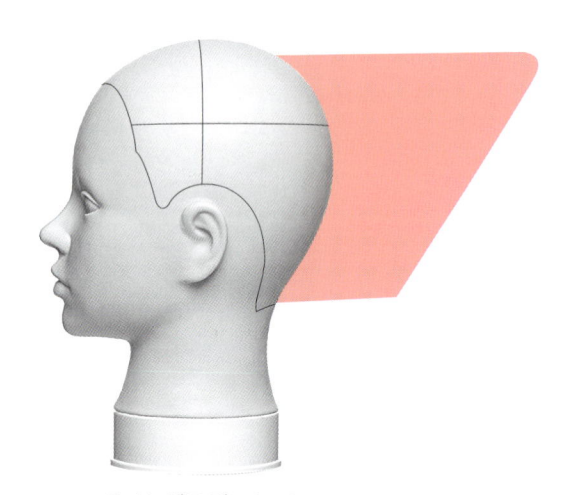

サイドグラデーション
気になる部分のカドはとるが、あまり丸くしない。

削ぎはフォルムを崩さないように

毛流れを出すため、重い部分の毛量を減らすための2つの目的で削ぎを行います。
どちらも、削ぐことによってベースカットを崩さないように注意しましょう。

▍毛流れを出す削ぎ

ベースカットに沿ってセニングシザーを入れる。このスタイルはすそに狭い幅のグラがつき、フロントにはレイヤーが入っているので、それに合わせて削ぐ。

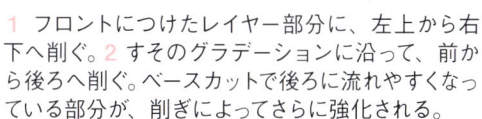

フロントのレイヤー
すそのグラデーション部分

1 フロントにつけたレイヤー部分に、左上から右下へ削ぐ。2 すそのグラデーションに沿って、前から後ろへ削ぐ。ベースカットで後ろに流れやすくなっている部分が、削ぎによってさらに強化される。

▍毛量調整の削ぎ

ベースはグラデーションなので、グラのラインで削ぎを入れる。

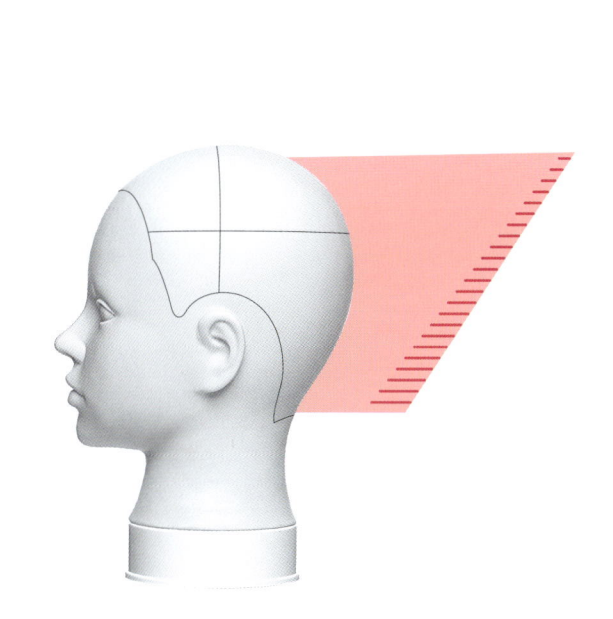

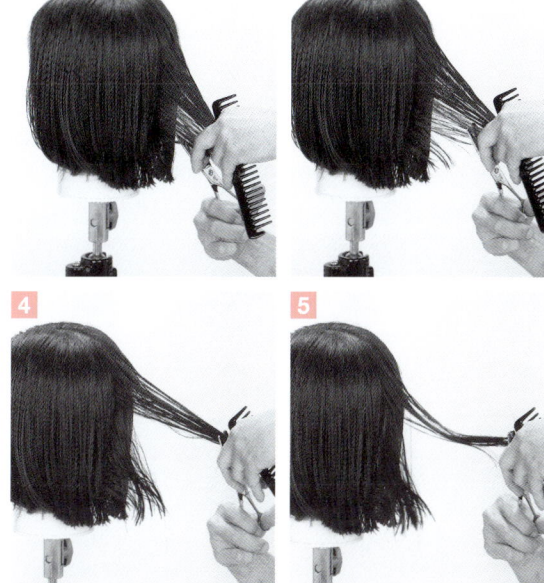

1 縦に毛束を引き出し、内側は根元近くにセニングシザーを入れる。2〜4 毛束を少しずつ上げていきながら、シザーを根元から離していく。5 最後は毛先近くでシザーを抜く。

Category Ⅲ **SIDE GRADUATION**

サイドグラデーション1
フロントにレイヤーを
プラスしたスタイル

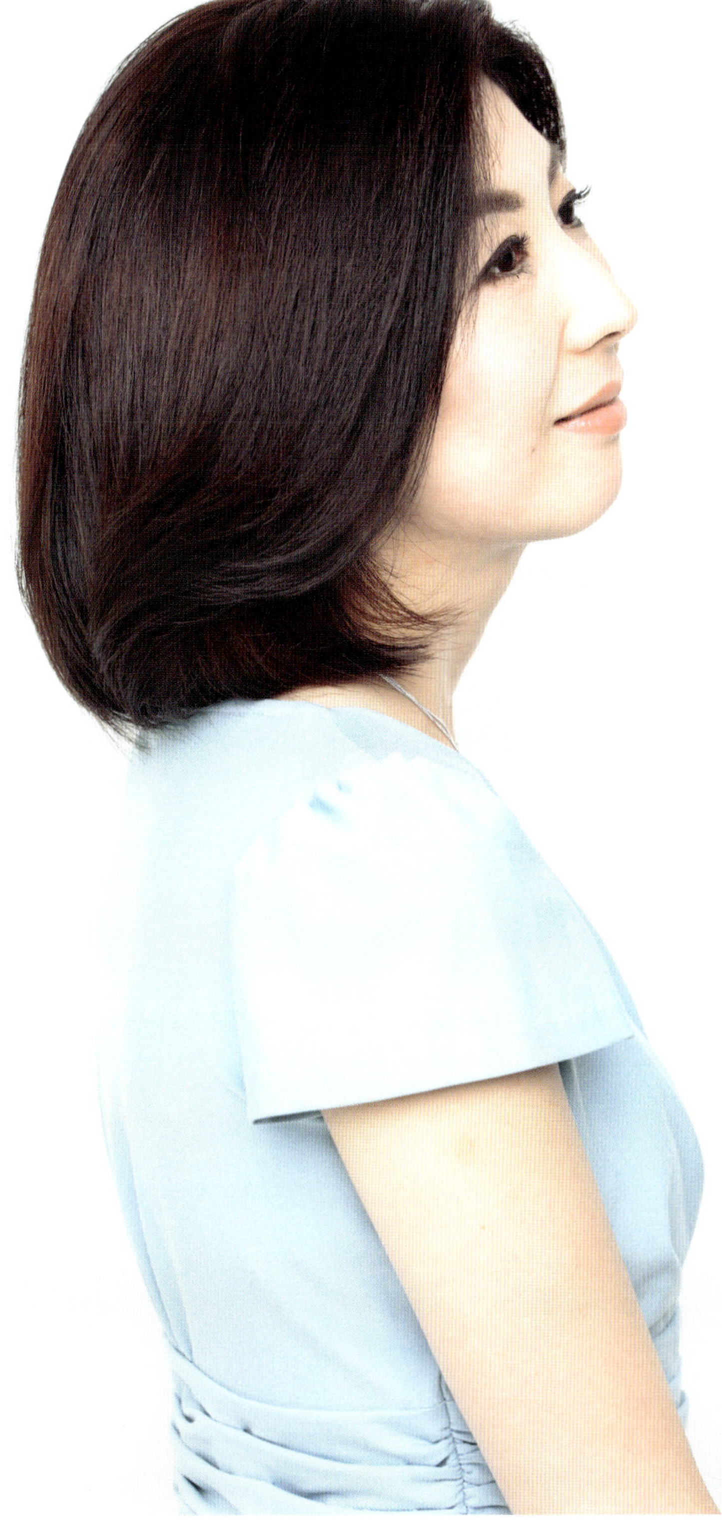

Category III SIDE GRADUATION

サイドグラデーション スタイル1
フロントにレイヤーをプラスしたスタイル

長い前髪があご付近で後ろに流れる、かきあげた時の大人っぽさや色気が魅力的なスタイル。スタイリングでフロントの根元をあまり立ち上げると古くさくなるのでひかえめに。

サイド

01 バックからサイドまで、水平ラインのワンレングスを切っておく。

02 イア・トゥ・イアよりやや後ろでバックとサイドを分ける。写真に示す前上がりラインのグラデーションカットをしていく。

03 サイドパートで分ける。作りたいアウトラインと平行にスライスをとり、スライスに垂直にシェープしてカット。前方に引いているが、パネルは浮かさない(リフトしない)。

04 トップまで同じように切って、幅の狭いグラデーションをつける。

05 サイドが切れたら、頭を前に倒し、耳後ろの生え際と平行にスライスをとってパネルを引き出す。バックとの間にカドがあるのでこれを落とす。

08 逆側のヘビーサイドも同様にカットしてグラデーションをつけていく。

09 ヘビーサイドのフロントは長さを残すために、顔の前に落とさず、パネルをひねった状態でカットする。

10 バックも逆側と同様にカットする。

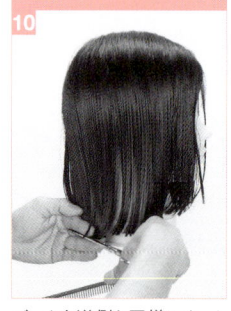

11 前上がりラインに狭い幅のグラがついたベースができた。ラインはバックでは水平に変化している。ヘビーサイドはフロントを長くしたため、前上がりの角度がゆるく見える。

フロント

12 パート際にフェースラインと平行にスライスをとり、頭皮と平行に引き出す。レイヤーのラインでカットする。

毛量調整・質感調整

17 ヘビーサイドを逆側にシェープしてカット。両サイドの表面の長さをそろえる。

18 つむじまわりの髪のチェック。つむじを囲んで丸くスライスをとってオンベースで引き出し、はみ出す部分を落とす。

19 縦スライスをとり、シザーを縦に入れてグラのラインで削ぐ。全体に行う。イングラがつくので内巻きのクセがつく。

20 段差のついている部分に、毛先に向かってセニングを入れる。ウエイトラインがぼけて柔らかくなる。

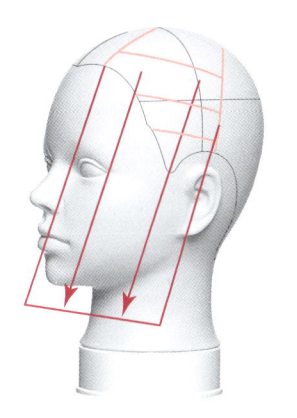

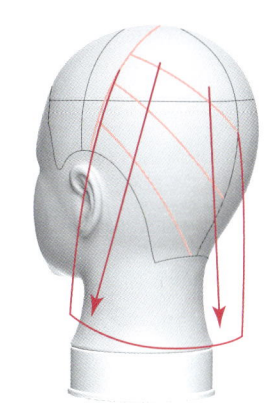

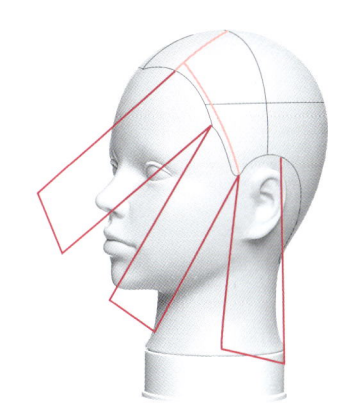

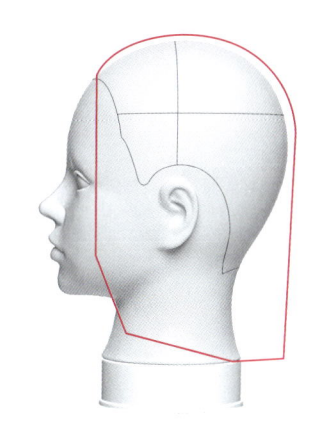

バック

06 頭を起こし、パネルをやや前方に引いて、サイドとつなげてバックを切る。奥に切り進むにつれて、カットラインは前上がりから水平に変化させてゆく。トップまで同様にカットする。

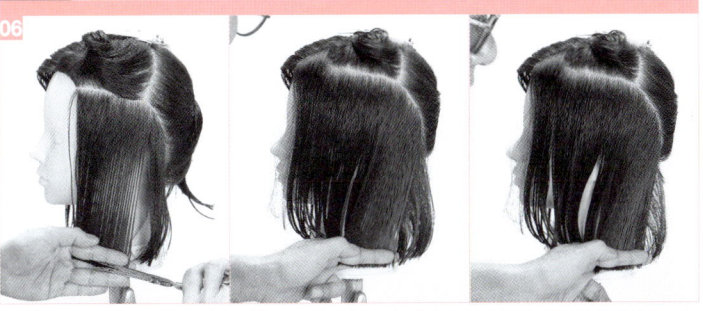

07 グラのベースが切れたら、ラインのチェックをする。コームを中間から入れ毛先に向かってCシェープし、ラインからはみ出す毛を切り落とす。すそ一周、同様にチェックカットする。

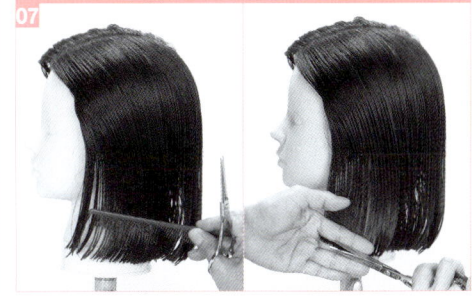

13 12で切った位置までシェープして、届く範囲の髪をカット。

14 フロントとサイドの間をなだらかにつなげる。

15 ヘビーサイドも同様にフロントをレイヤーカットする。

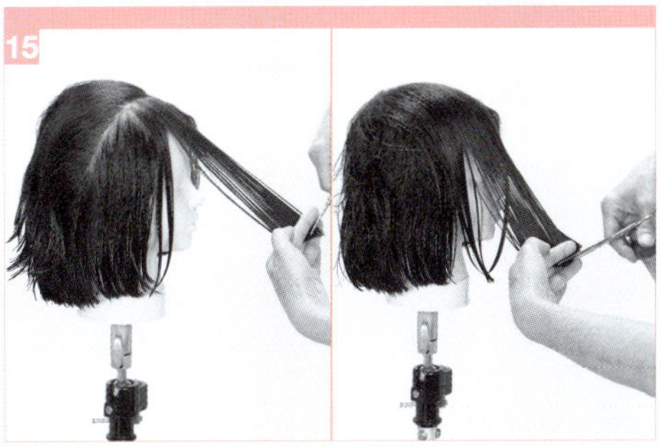

チェックカット

16 パート上のチェックカット（p.15参照）をする。ライトサイド側を反対側にシェープしてカット。

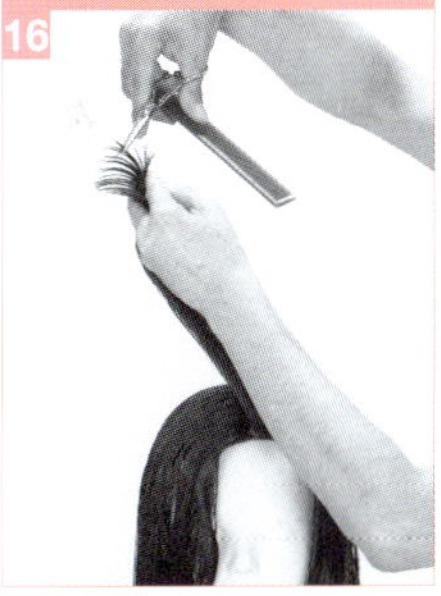

ドライカット

21 ブロー前のカット終了。

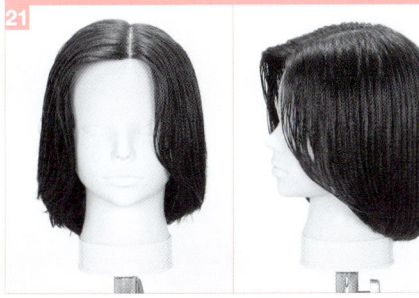

22 ネープのチェック。乾かして髪が浮いてくると、ネープのカドがはみ出してくる。これを落とす。

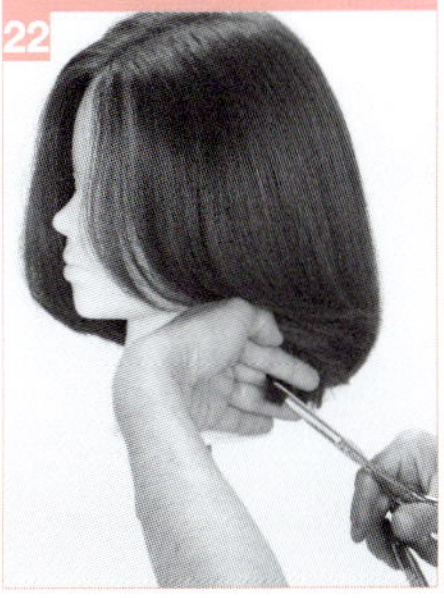

23 もっと動きが欲しければ、毛先にセニングを入れる。

24 さらにウエイトラインを柔らかくしたいなら、フロントからサイドの毛先にセニングを入れる。

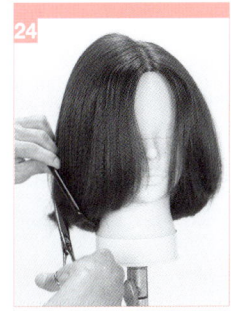

25 重さが気になる部分があったら、指で毛束をはさんで引き出し、中間から毛先を削ぐ。

55

Category Ⅲ SIDE GRADUATION

サイドグラデーション2
バックをグラボブにした
サイドグラ

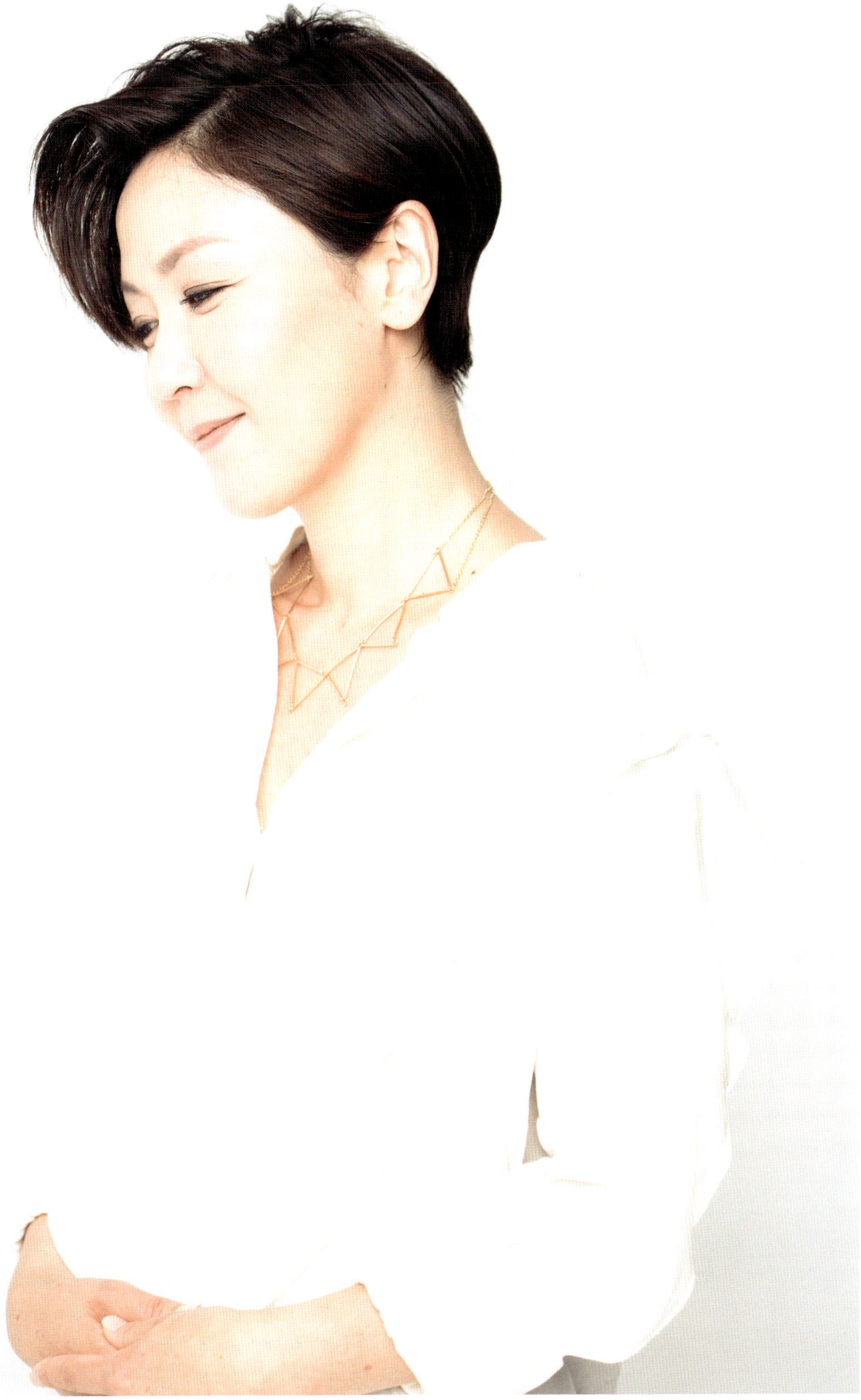

Category III　SIDE GRADUATION

サイドグラデーション　スタイル 2
バックをグラボブにした サイドグラ

アシンメトリで80年代テクノの匂いのするデザイン。仕事をしていて、責任ある立場の女性にも支持されるスタイルです。ふんわりさせずタイトでも似合うデザインなので、毛量が少ない人でもOK。

ライトサイド

01 イア・トゥ・イアよりやや後ろでサイドとバックを分ける。前上がりスライスをとり、スライスに垂直にシェープし、スライスと平行なラインでカットする。

02 口元までの長さで、トップまで同様に切る。やや前方に引いた分、すそに幅の狭い段差がつく。

バック

03 耳後ろのヘムラインに平行にスライスをとり、サイドの延長線でバックを切る。

04 バックを切り進むにつれて、前へ引くのではなくダウンシェープ気味に、かつパネルをリフトして、水平なラインを切る。

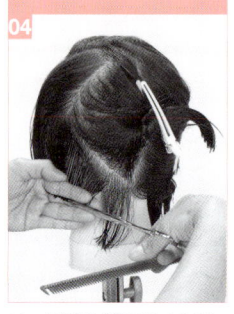

05 スライスの最後の部分。パネルをほぼ床と平行に引き出して切る。ネープはリフトされて切られるので長さが残る。

10 ここまでの状態。ライトサイドとヘビーサイドの長さを変えている。

11 ヘビーサイドのバック。逆側同様、同じ高さにリフトしてカットする。

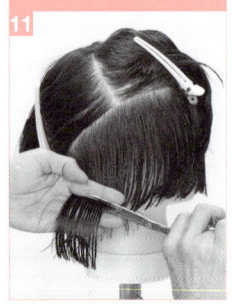

12 ここまでの状態。ライトサイドはやや前上がりだったが、ヘビーサイドはフロントが長い前下がりのラインになる。

バックにグラをつける

13 バックのセンターにななめスライスをとり、センター側を45度にリフトしてスライスと平行なラインで切る。トップまで同様にグラをつける。反対側も同様にカットする。

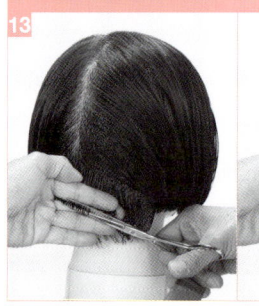

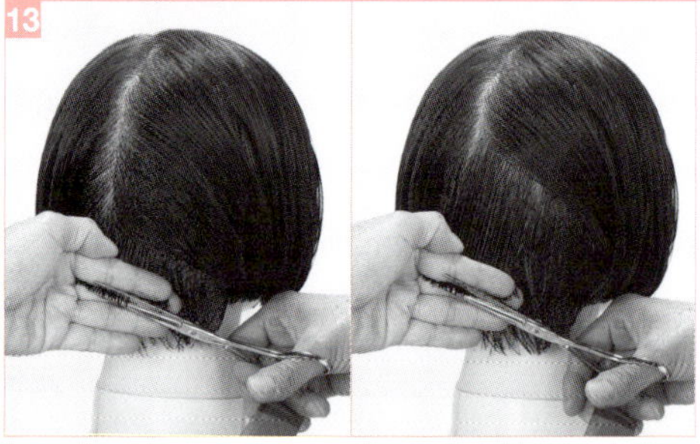

チェックカット

16 表面の髪のチェックカット。センターの頭のはち上を床と平行に引き出し、ラインからはみ出している部分を落とす。この位置に届く範囲はすべて、ななめスライスで後ろに引き出してチェックカットする。

17 パート上のチェックカット(p.15参照)をする。ライトサイドとヘビーサイドの表面の髪だけ長さをつなげる。

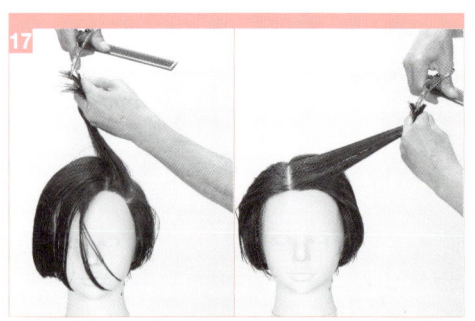

毛量調整・質感調整

18 重さが気になる部分の毛量を落とす。表面の髪を避けて、内側をセニングシザーで削ぐ。

19 耳後ろをCシェープして、内側を根元近くから削ぐ。毛先が内巻きに入りやすくなる効果がある。

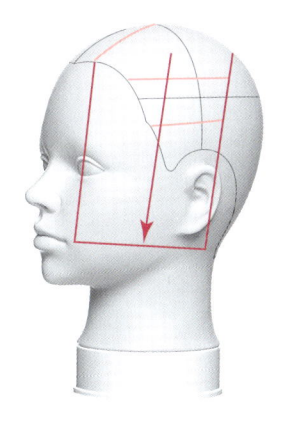

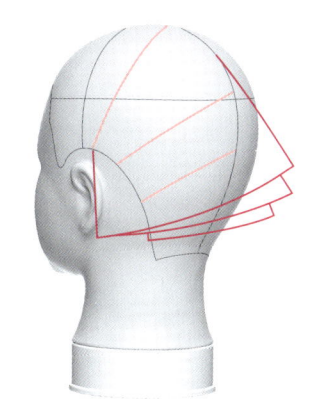

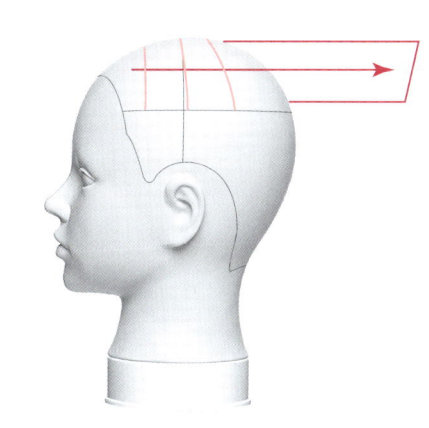

ヘビーサイド

06 トップまで、最初のセクションを切った高さにリフトアップしてカットする。ななめスライスをひねって水平ラインで切る。

07 ライトサイドが切れた。フロントからサイドにかけては前上がりのラインで、バックは水平なラインになっている。

08 ヘビーサイドはあごまでの長さでカットする。横スライスをやや前方にシェープして切り、すそに幅の狭い段差をつける。

09 ヘビーサイドのフロント部分は長さを保つため、顔の前に落とさず、横にシェープしてカットする。

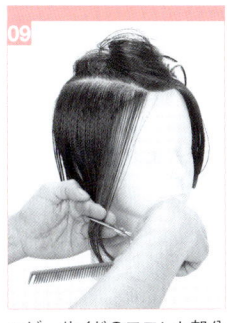

フロント

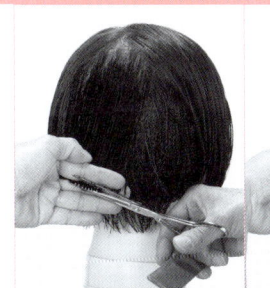

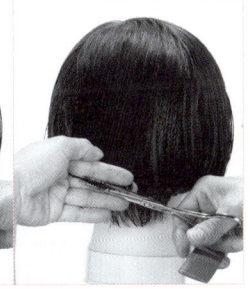

14  ライトサイドからヘムラインと平行にスライスをとり、前方に引き出し、レイヤーカットする。このカット位置に届く範囲の髪をすべて同じ位置で切る。

15 ヘビーサイドのフロントも同様にレイヤーカットする。

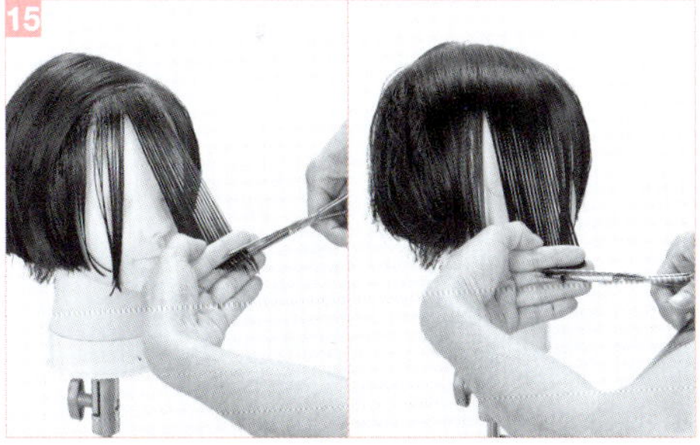

ドライカット

20 バックのセンターラインからアウトラインに向けて削ぐ。全体のなじみがよくなる。

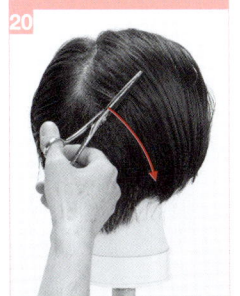

21 ブロー前のカット終了。

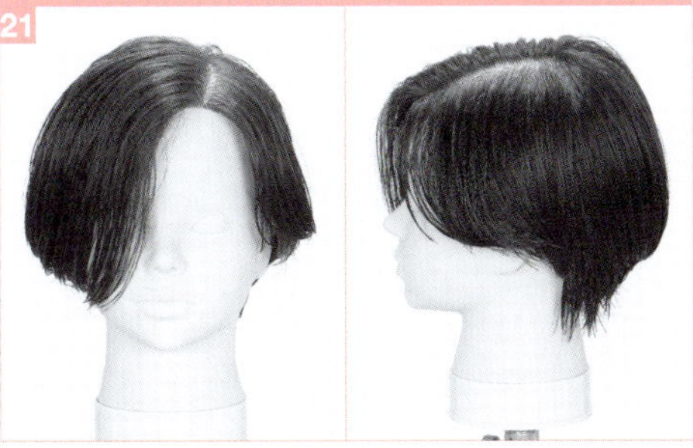

22 表面の髪を避けて、サイド、バックの内側の毛先に削ぎを入れる。

23 サイドに前から後ろへセニングを入れる。毛流れが出やすくなる。

24 パート際の髪を反対サイドにシェープし、チェックカットして、表面の長さをつなげる。両側行う。

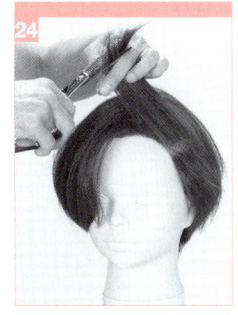

Category Ⅲ **SIDE GRADUATION**

サイドグラデーション3
マッシュルーム風ショート

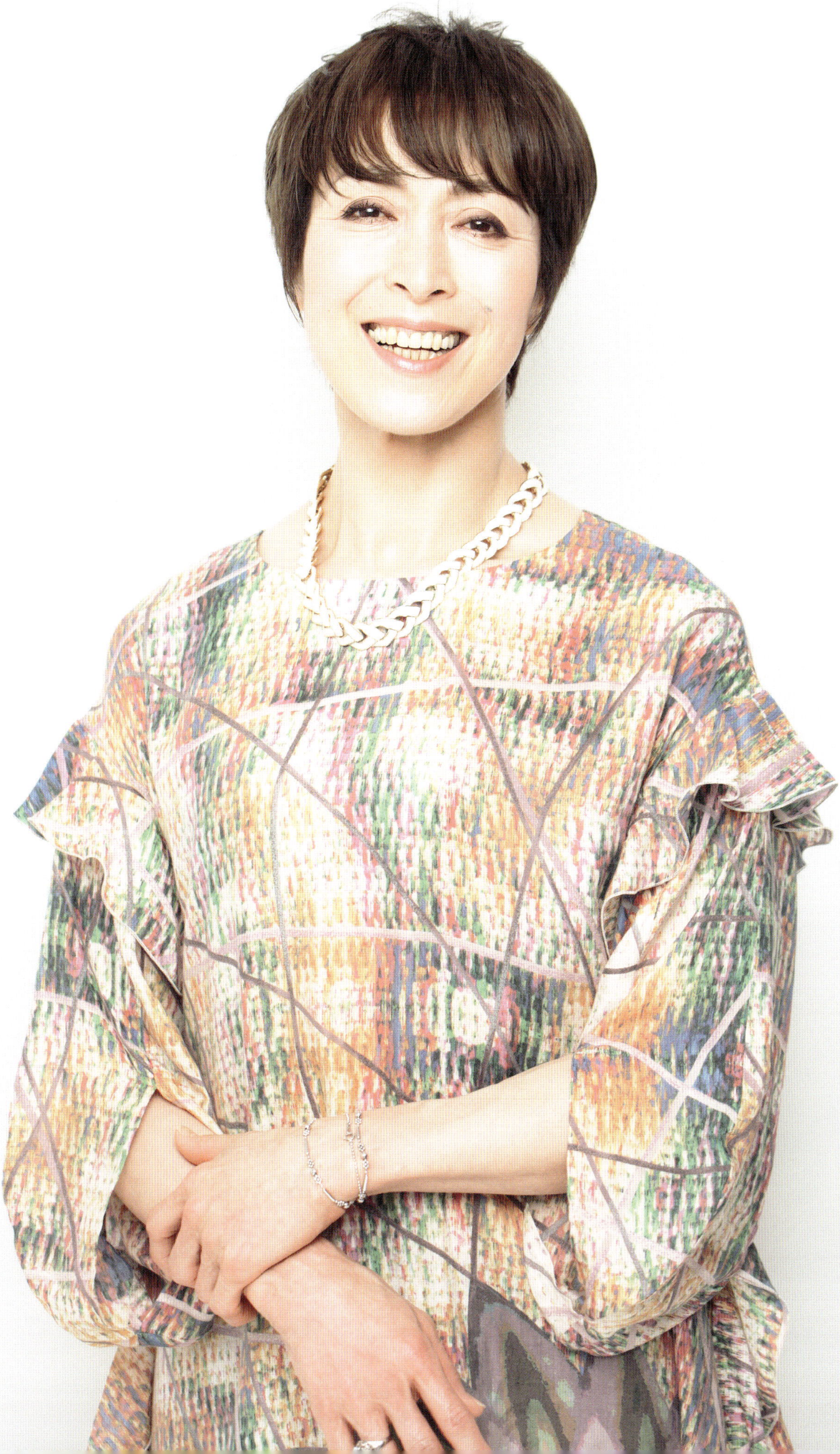

Category III　SIDE GRADUATION

サイドグラデーション スタイル3
マッシュルーム風ショート

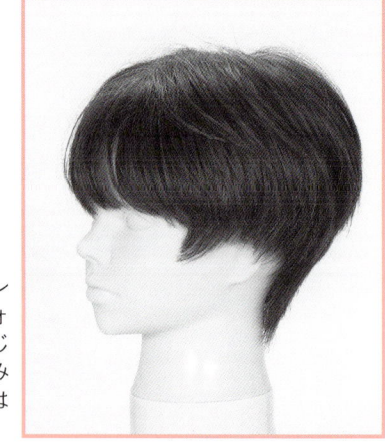

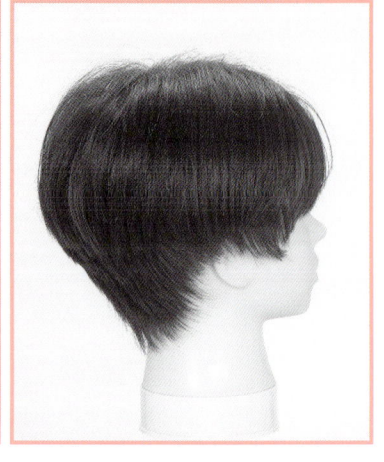

サイドグラの技法で切っていますが、かなりアレンジされたスタイル。前上がりの顔まわり・丸いフォルム・高いウエイトがかわいらしさと若々しさを感じさせます。グラのベースをチェックカットして丸みを持たせ、サイドは今風にするためにリバースではなくフォワードにスタイリングしています。

サイド

01 イア・トゥ・イアで前後を分ける。サイドに想定したラインと平行にスライスをとり、ほぼ床と平行な高さにリフトして切る。

02 トップまで、第1スライスと同じ高さでカット。

03 スタイル1、2はフロントを長めに残すよう注意して切ったが、このスタイルはバングを作るのであまり気にしなくていい。

04 サイドが切れた。同じ高さにリフトして切ったので、一番下のもみあげ部分が長く残っている。

バック

05 ヘムラインと平行にスライスをとり、サイドとを切ったのと同じ高さまでパネルをひねり上げて切り、バックをつなげていく。

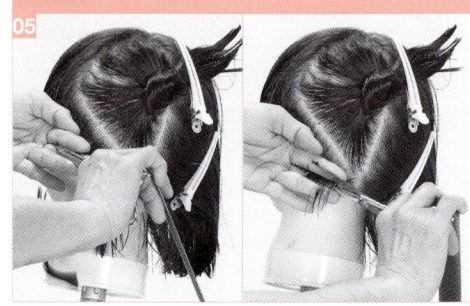

11 反対側のサイドも、第1スライスを切った高さですべてトップまでカットする。

12 バックも逆側と同様にカットする。

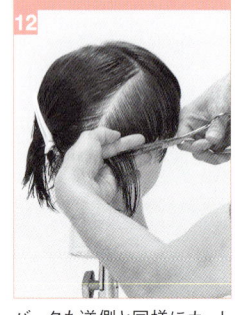

フロント

13 前髪とフロントをダウンシェープし、サイドとつなげて丸いラインでカットする。

14 マッシュルーム風のフロントができる。サイドからバックには、角ばったグラデーションがついている。

18 17の続きのスライス。トップから下へ切り進むにつれて、頭の丸みに沿わせて引き出す角度を変えてゆく。

19 フロントまで、後方に引き出して、切り口に残るカドを切り落としていく。

チェックカット

20 つむじ付近のイア・トゥ・イア上からスライスを引き出し、切り口に残るカドを落とす。反対側も同様にチェックカットする。

21 両側をチェックしたら、正中線上にパネルを引き上げ、左右の合わせ目にあるカドを落とす。

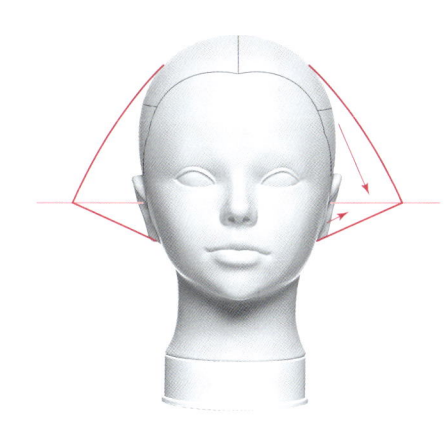

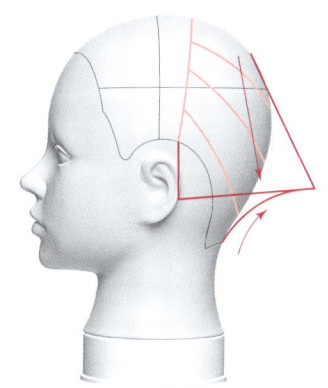

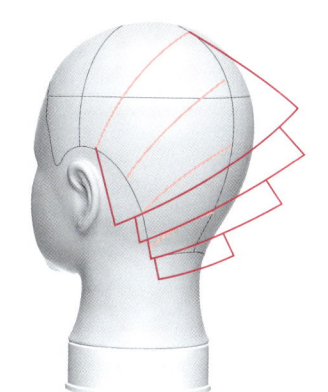

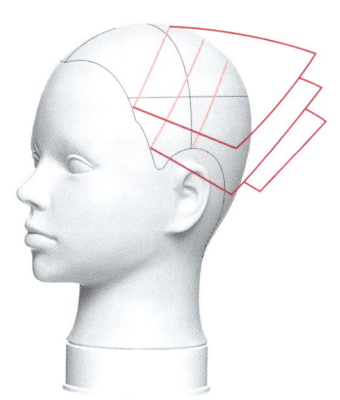

06	07	08	09	10
最初のスライスが切れた。ほぼ床に水平にリフトして切ったので、持ち上げられたえりあしの長さが残っている。	トップまで同様にななめスライスをひねるようにリフトして、水平ラインを切る。	サイドとバックにアウトラインができた。	耳まわりのチェック(p.15参照)。耳まわりをCシェープして、カドを落とす。耳の前と後ろを両方とも行う。	耳のまわりにえぐれるようなラインができた。

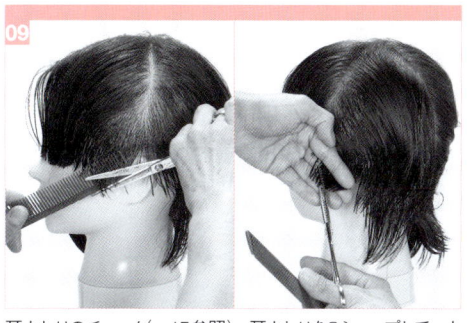

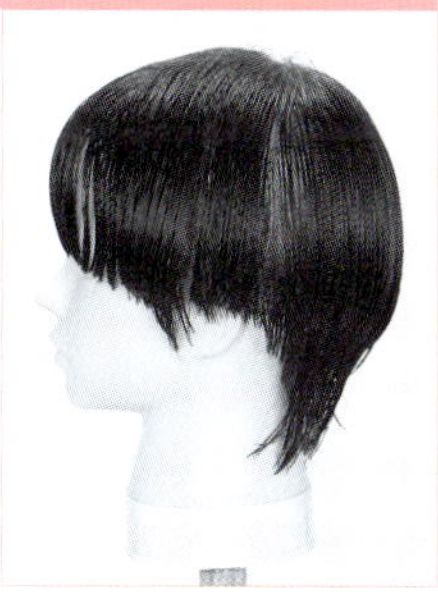

フォルムを整える

15	16	17
バックのネープからななめスライスをとり、60度のリフトで引き出す。切り口に残るカドを落とす。	ななめスライスでバックを上に切り進む。パネルの引き出し方は頭の丸みに沿わせて回り込んでいく。	サイドもななめスライスをとり、60度(頭皮から30度)のリフトで後方に引き出す。切り口に残るカドを切り落としていく。

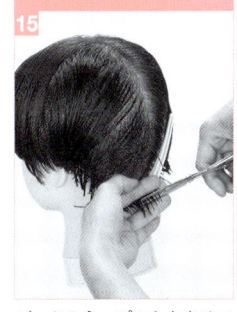

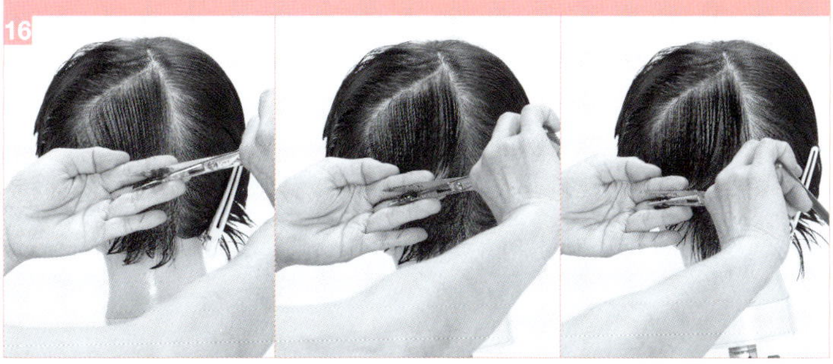

毛量調整・質感調整

ドライカット

22	23	24	25	26
サイド、バックとも、フォワードに向けてセニングを入れる。このスタイルはリバースの毛流れを作らないので、フォワードの方向性をつけてもかまわない。	ブロー前のカット終了。	ネープのコーナーから耳の上までセニングを入れ、重さをとる。	顔まわりのラインにセニングを縦に入れて削ぎ、肌になじみやすい毛先をつくる。	ウエイトラインから毛先にかけて、フォワードにセニングを入れて柔らかさを出す。

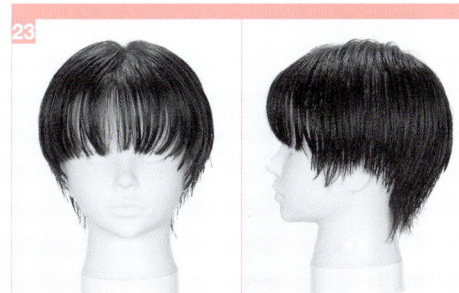

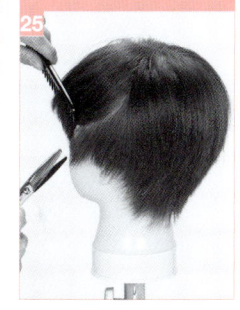

Category Ⅳ　**SHORT GRADUATION**

大人のマストスタイル Ⅳ
ショートグラデーション

サロンでは40代のお客様に多いスタイルです。若い頃からモード系ファッションが好きで、いつまでもおしゃれな人にとってはショートグラは永遠のスタイルと言えるでしょう。頭がコンパクトに見えて立体感もあるところが人気の秘密。顔まわりをどう作るかで、かっこよくもかわいらしいイメージにももっていけます。

1
Style
サイドパートの
アシンメトリスタイル

Style 2
ボックスボブ風スタイル

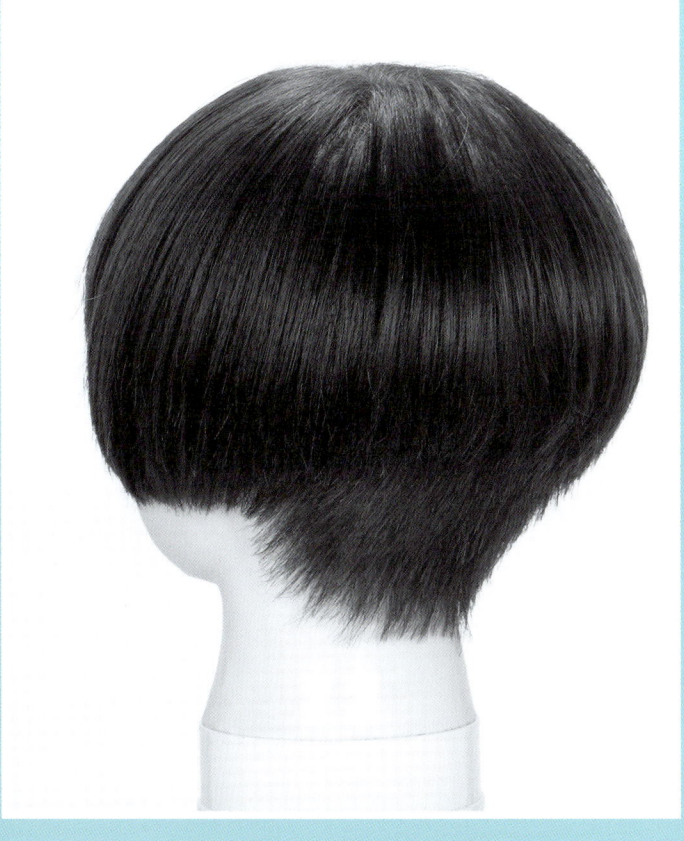

Style 3
前後2セクションのスタイル

Category Ⅳ **SHORT GRADUATION**

"大人のショートグラデーション" 分析

モード系、エッジィ系女性の支持が高いスタイルです

ショートグラデーションは大人女性の中でも、かっこいい系のテイストが好きな人に支持されるスタイルです。
頭がコンパクトにまとまることと、顔まわりにインパクトがあるデザインにすることが多いからでしょう。
後頭部の骨格が一番出ているところにしっかりウエイトを作り、ネープをしめると、横顔がかっこよくキマります。
あまり優しい柔らかい方向にはしたくないので、丸みをつけるカットは最小限にします。

ショートグラらしいテイストのスタイル

スタイル 1

はっきりした
ウエイト。

顔まわりに強い
印象のななめの
ライン。

スタイル 2

あまり丸みを感
じない、主張す
るウエイト。

ボックスボブ風
の顔まわり。

キュートにアレンジしたスタイル

スタイル 3

ウエイト部分も
丸みがあり、形
がおだやか。

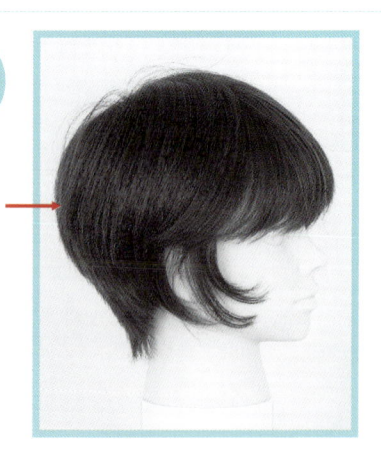

顔まわりにはっ
きりしたライン
がない。

グラデーションのつけ方
3バリエーション

ショートグラのカットのメインは、後頭部の一番出ている部分にグラでウエイトを作ること。
これができないと全体にコンパクトにまとまりません。日本人の骨格だと後頭部が平たんなことも多いですが、
それでもそこにウエイトを作ると頭の形がよく見えます。出したいフォルムによってグラの切り方は変わります。
以下にこの本に出てくるスタイル3点の切り方を紹介します。

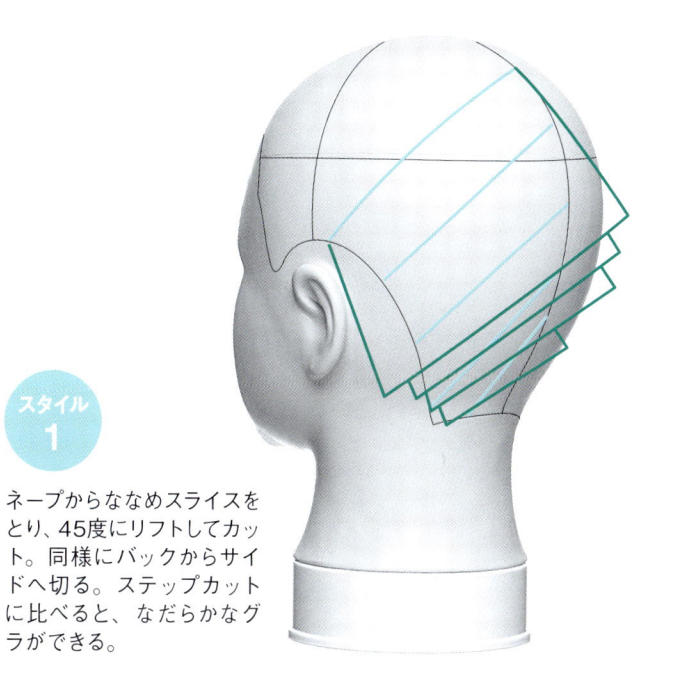

スタイル 1
ネープからななめスライスをとり、45度にリフトしてカット。同様にバックからサイドへ切る。ステップカットに比べると、なだらかなグラができる。

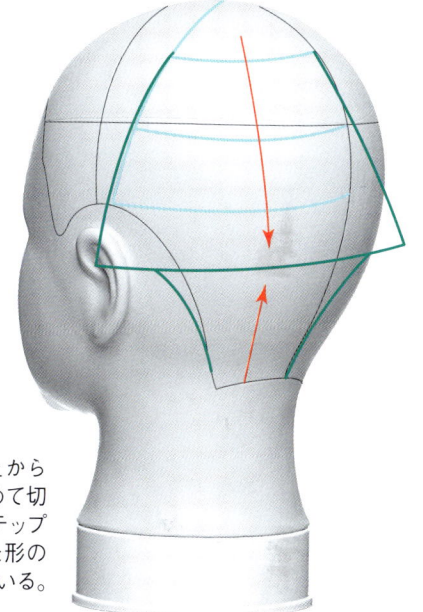

スタイル 2
横スライスをとり、上から下まで同じ高さに集めて切るステップカット。ステップカットはくっきり尖った形のグラを作るのに向いている。

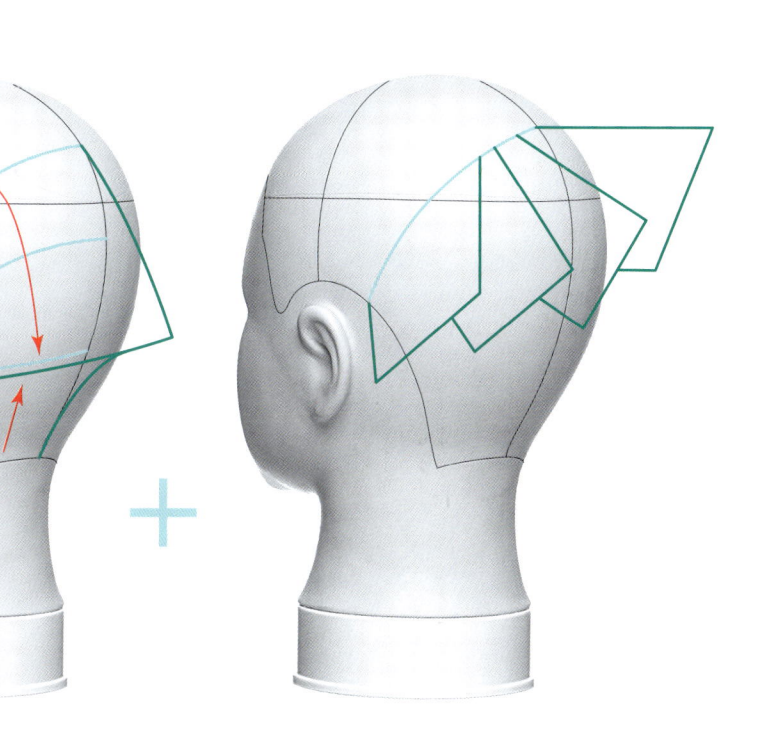

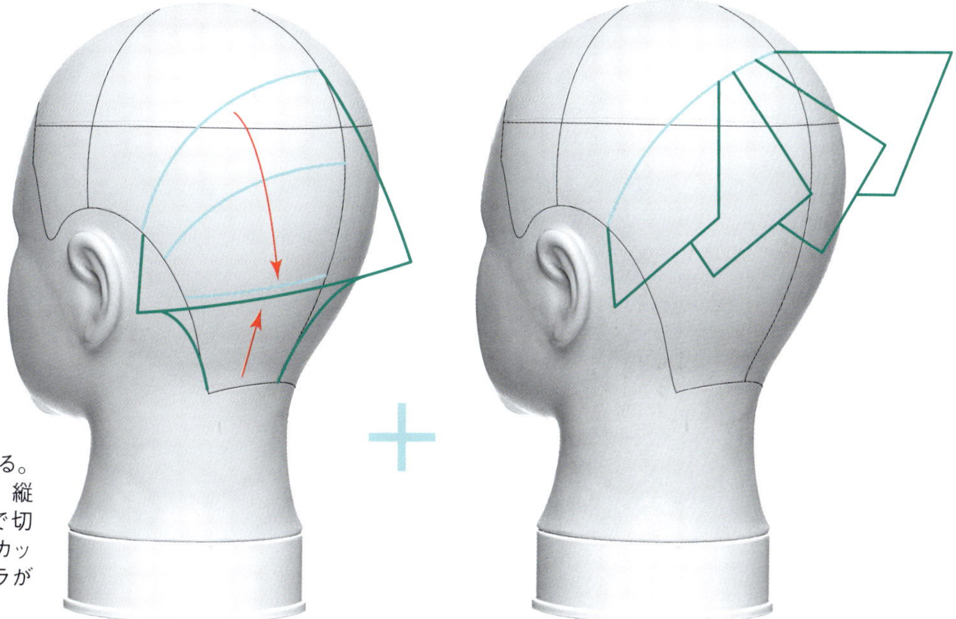

スタイル 3
2度に分けてグラをつける。ステップカットした後、縦に近いななめスライスで切り直していく。レイヤーカットに近い丸みのあるグラができる。

Category Ⅳ **SHORT GRADUATION**

ショートグラデーション1
サイドパートの
アシンメトリスタイル

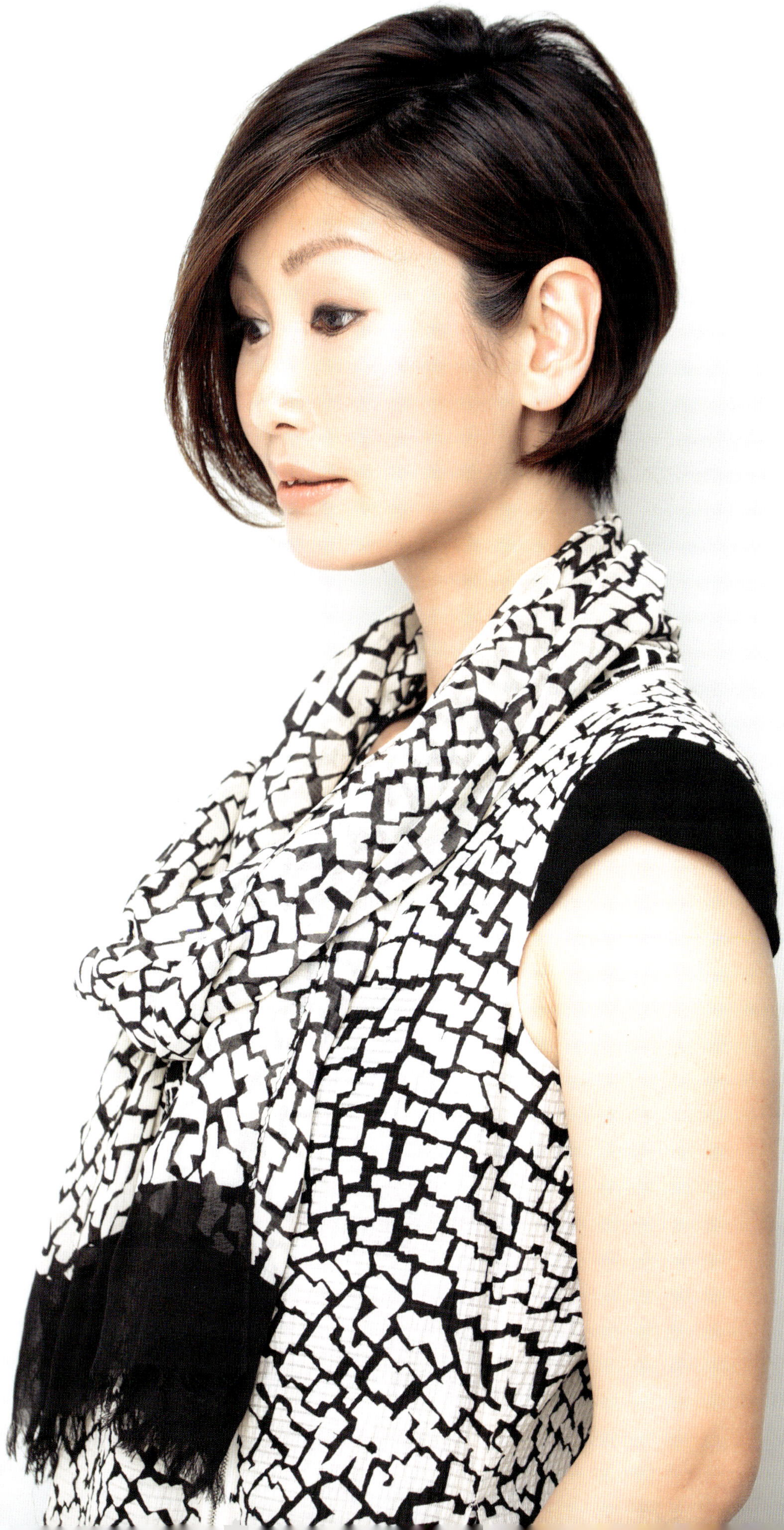

Category Ⅳ SHORT GRADUATION

ショートグラデーション スタイル1
サイドパートのアシンメトリスタイル

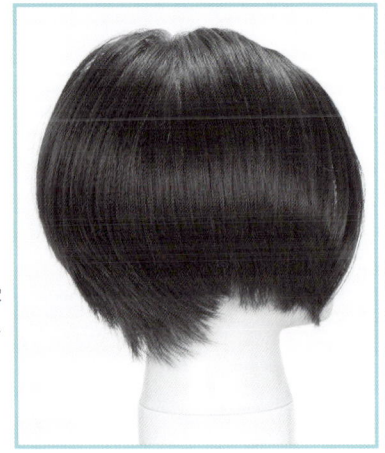

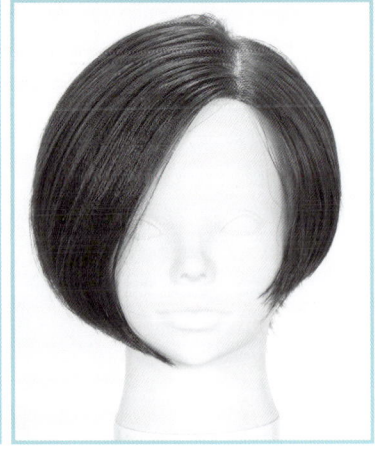

いつまでもかっこよさを求める、モード系のお客様には定番のスタイルです。極端なサイドパートにして、左右の長さが違うフロントをカットします。フロントの長さに対してバランスのいい位置にバックのウエイトをつくれば、洗練された横顔のシルエットが生まれます。

バック

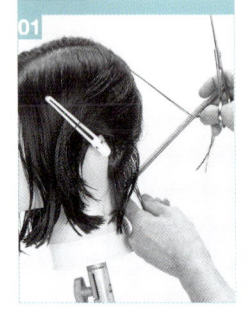

01 ヘビーサイドとライトサイドを分ける。口元の長さを設定する。

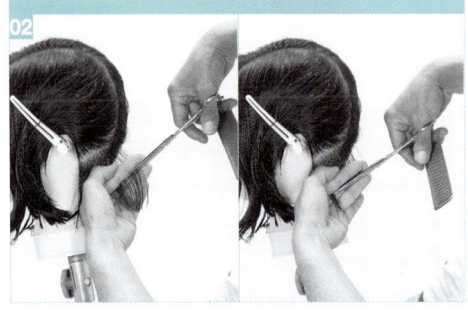

02 バックのセンターからななめスライスをとり、パネルのセンター寄りだけを45度リフトしてななめのラインでカットする。パネルの反対側は0度で切る。

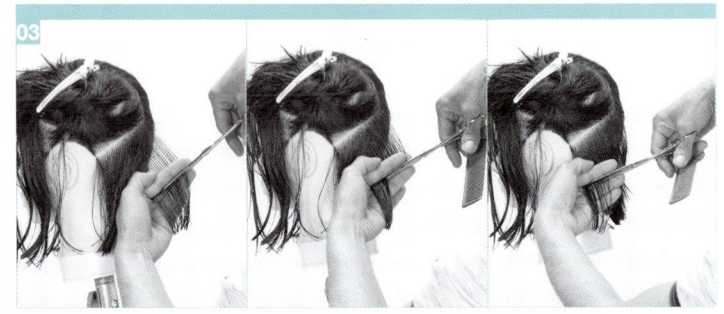

03 センター近くはリフトするが、耳に近づくにつれリフトを下げていく。カットラインもななめから横にしていく。また切り進むごとに、パネルの間にできるカドを落としていく。

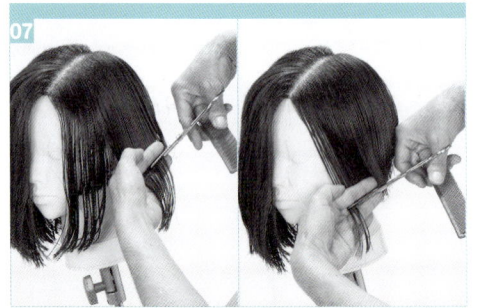

07 ライトサイドのフロントは口元までの長さに切る。

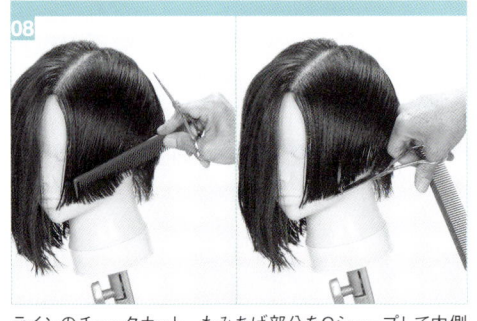

08 ラインのチェックカット。もみあげ部分をCシェープして内側の毛を表面に出し、はみ出す部分を切り落としておく。

ヘビーサイド

09 逆側同様、ななめスライスをとり、バックのセンター側を大きくリフトして切る。

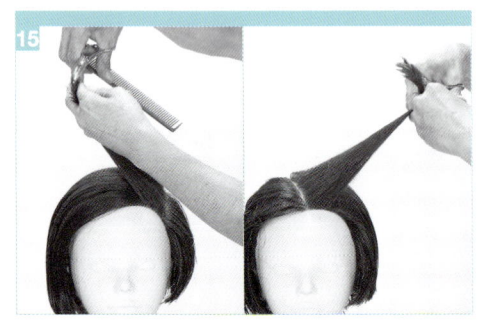

毛量調整・質感調整

15 パート上のチェックカット(p.15参照)。ライトサイドのパート際からパネルを引き上げてヘビーサイドにシェープし、毛先の長さをそろえる。次にヘビーサイドも同じカットをする。

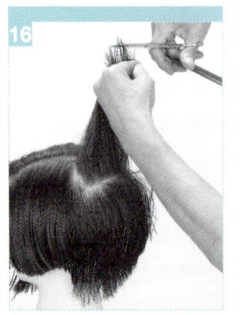

16 つむじ付近のチェックカット。頭の丸みに沿ったスライスをとり、パネルを引き上げて毛先からはみ出す部分を落とす。

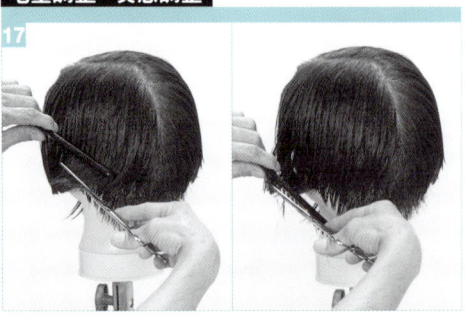

17 全体の毛量調整。コムで内側の髪が表面に出るようシェープして、中間から毛先にかけてセニングを入れる。

18 コムで髪を持ち上げ、毛先にセニングを入れる。ウエイトラインがぼけて柔らかくなる。

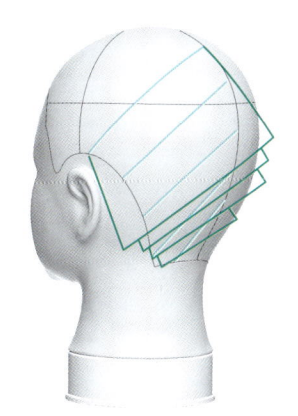

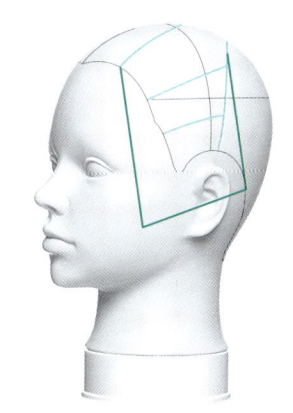

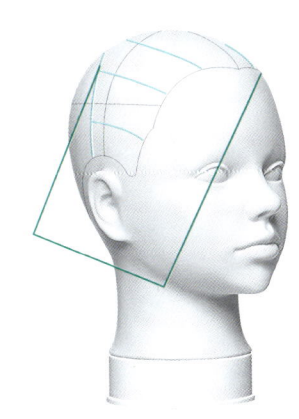

サイド

04 トップまで同様にカット。カットの際、パネルを少し反らせた状態で持ち、下側が少々長くなるように切っている。

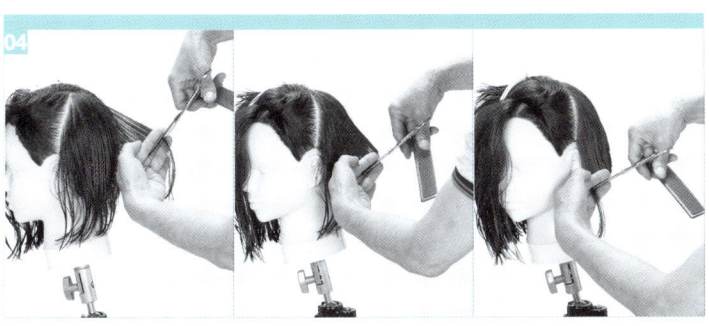

05 横に近いななめスライスをとり、バックの延長線でサイドをカットする。バックとのつなぎ目は少しリフトするが、サイドはほぼダウンシェープで切る。

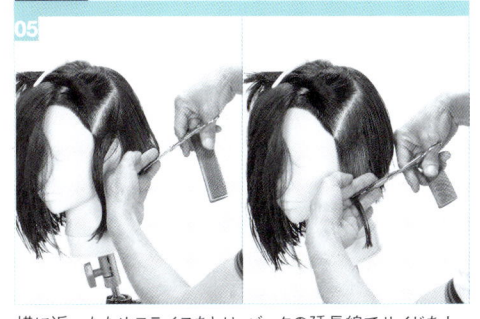

06 同様にトップへ切り進む。

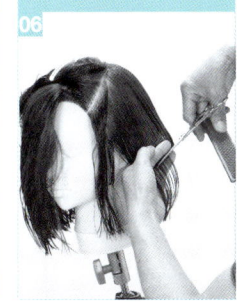

チェックカット

10 ヘビーサイドのフロントはあごまでの長さで切る。

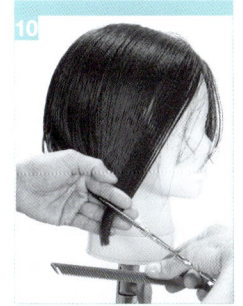

11 ラインのチェックカット。全体を後ろにシェープして、ラインからはみ出す部分を切り落とす。

12 えりあしをコームですくい上げて面を整える。

13 ここまでの状態。バックほど幅の広いグラがつき、じょじょに狭くなっている。フロントの長さには大きく差がついている。

14 ネープの端をチェックカット。Cシェープして、ネープのコーナーの内側を落とす。

ドライカット

19 バックのウエイトラインに落ちる部分を引き出し、内側をセニングで削る。内側の中間からセニングシザーを入れ、表面の毛先近くで抜く。ウエイト部分に丸みが出る。

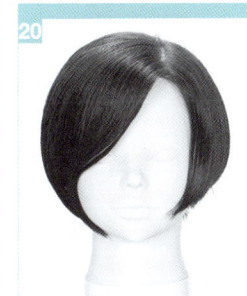

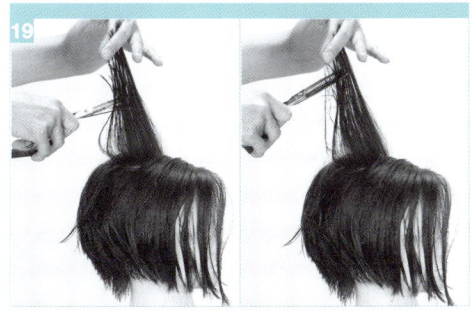

20 ブロー前のカット終了。

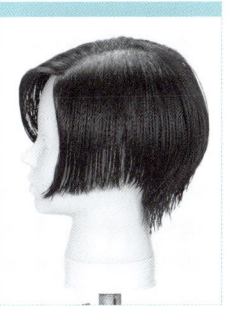

21 ドライ後、耳裏の重さをセニングでとる。アウトラインのチェックをする。

22 フロントにセニングを入れ、柔らかくする。

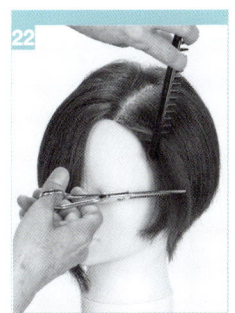

Category Ⅳ **SHORT GRADUATION**

ショートグラデーション 2
ボックスボブ風スタイル

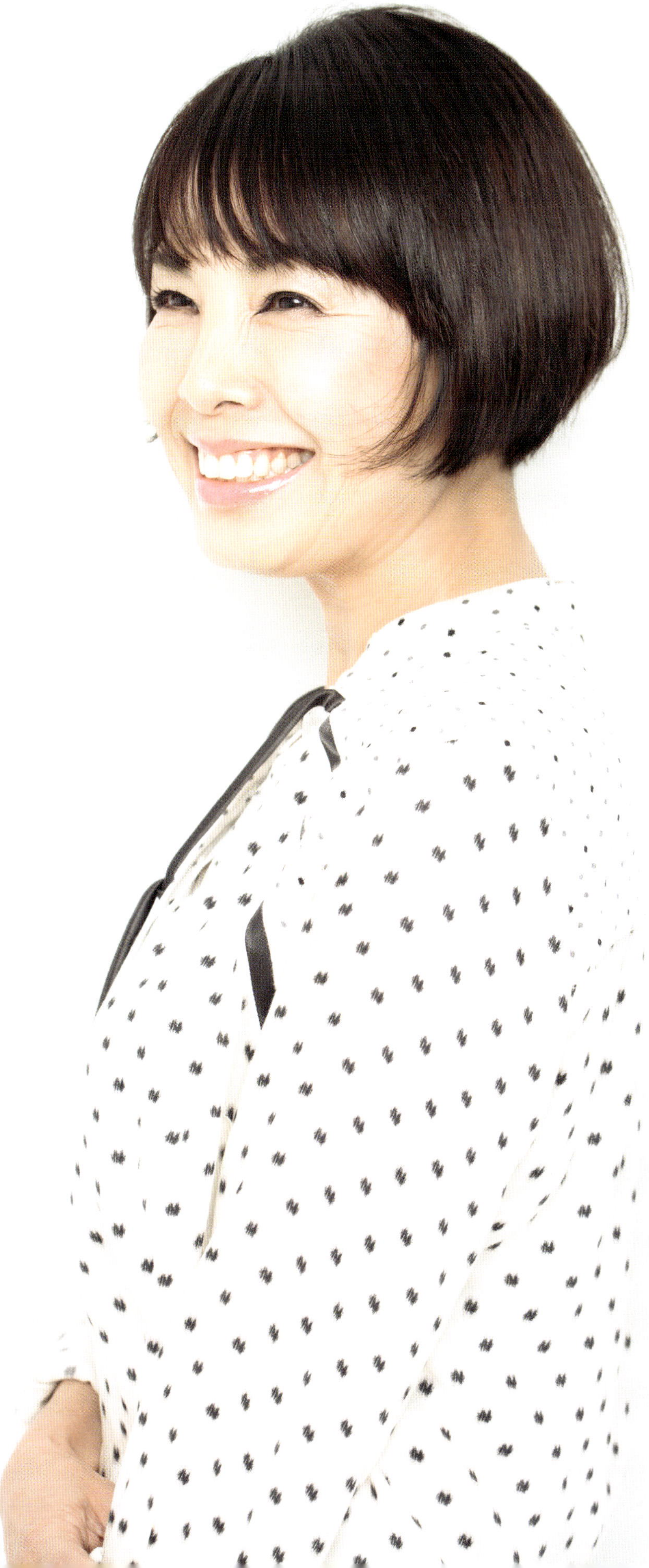

Category IV SHORT GRADUATION

ショートグラデーション スタイル 2
ボックスボブ風スタイル

原型はボックスボブですが、かわいらしさを求める今の女性向けに、カキッとしたモード系のバングではなく、あいまいな長さと丸いラインにしています。バックのウエイト位置が高いので、首をすっきり、姿勢をきれいに見せる効果が高いスタイルです。

バック

01 ネープに横スライスをとり、床と平行に引いて、水平なラインでカットする。パネルを少し反らせた状態でカットし、下側が長くなるようにする。

02 上に切り進むが、1で切った高さ以上にリフトしないで、同じ高さで切る。

03 サイド近くを切っているところ。頭の丸みに沿わせて切る。

04 トップまで、1と同じ高さでカットする。

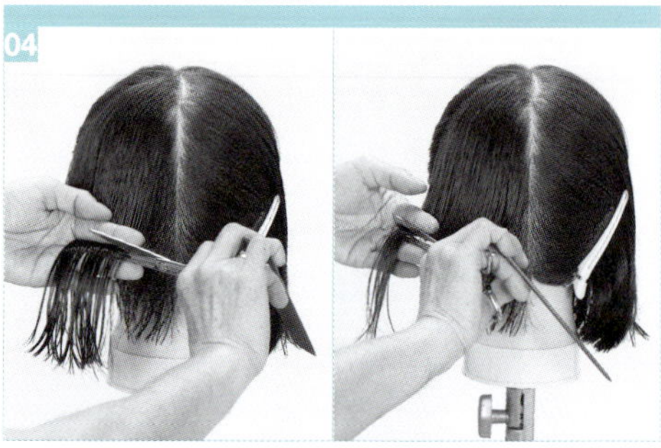

10 バックからサイドを切り終えた状態。

11 逆側も同様にカットする。

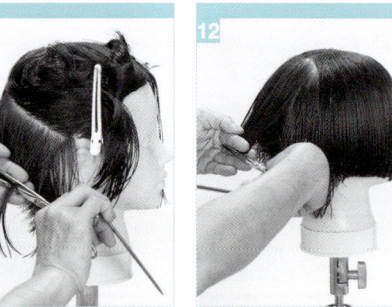

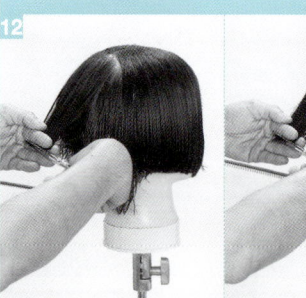

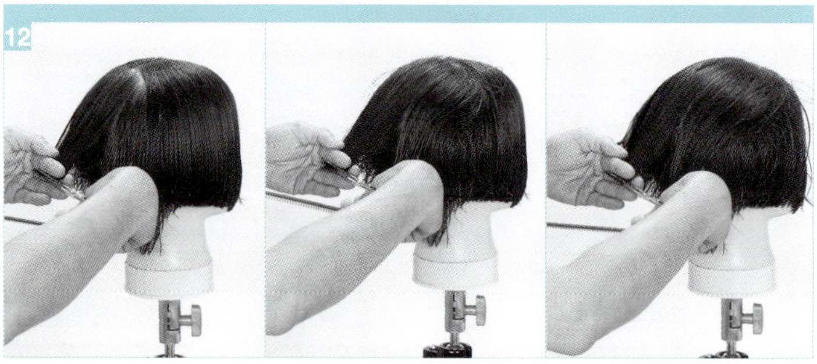

12 表面の髪をバックにシェープし、ウエイトラインと重ね、ラインからはみ出す部分を落とす。フロントまで、この位置に届く範囲の髪を同様にチェックカットする。

13 えりあしのグラ部分をコームですくって面を整える。センターと両サイドを行う。

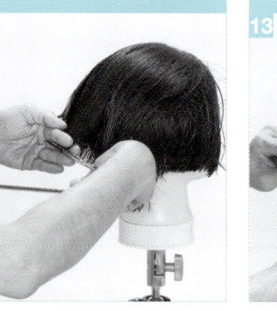

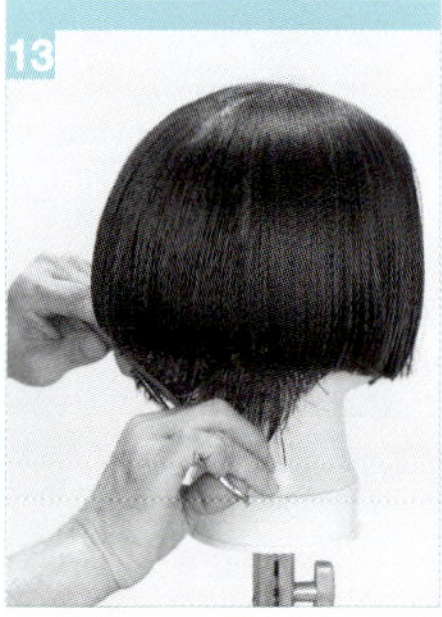

毛量調整・質感調整

20 セニングシザーを下から上へ入れ、グラデーションのラインで削ぐ。一周行う。

21 ウエイトラインにセニングを入れて柔らかさを出す。これも一周行う。

22 耳後ろをCシェープして、内側の髪のコーナー部分を切り落とす。ラインからのはみ出しが防げる。

23 バングのセンターからサイドへセニングを入れて軽くする。

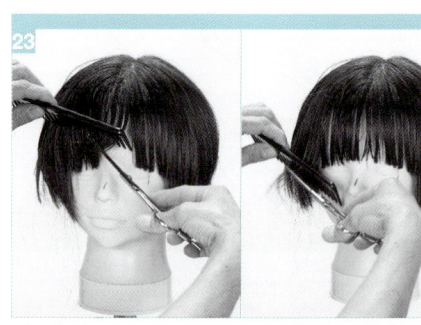

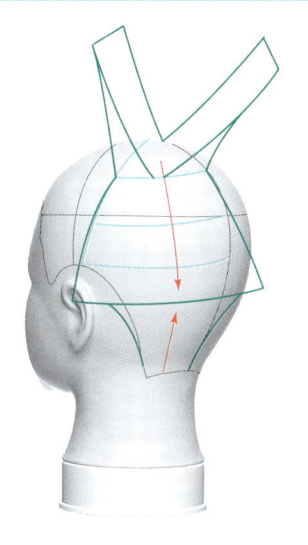

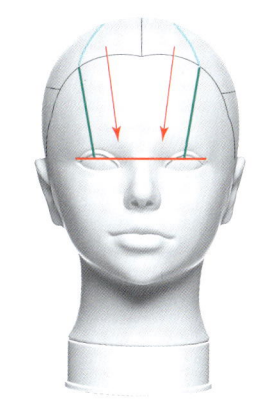

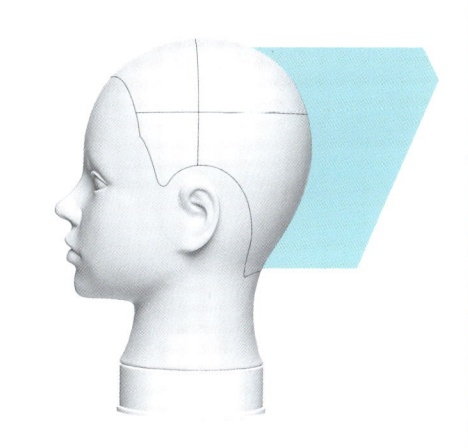

グラを入れ直す

05 ここまでの状態。

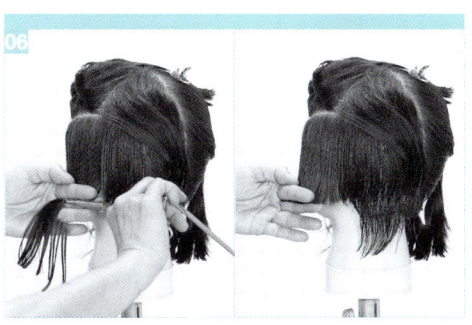

06 サイドは横スライスをとり、バックよりリフトを下げながら、やや前下がりのラインをカット。バック同様、パネルを少し反らせた状態でカットする。

07 フロントに切り進むにつれ、リフトせずに、ダウンシェープで切る。

08 フロントは短くならないようにやや前方に引いて切る。

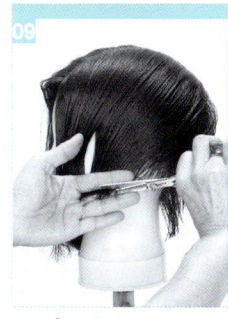

09 トップまで切れたら、ラインをチェックする。Cシェープして内側の髪を表面に出し、ラインからはみ出す毛を切り落とす。

バング

14 バングセクションを深めにとる。バングの髪が後ろに流れないようにしたいので、三角ベースの奥をカギカッコ状にする。

15 センターに集めてシェープして切る。自然に下ろすと両側が長いラウンドラインになる。

16 Cシェープして内側の髪を落とし、ラインを整える。

フォルムを整える

17 トップにレイヤーを入れる。バックのセンターから縦スライスを引き出してカット。

18 フロントまで同様にレイヤーカットしていく。両サイド行う。

19 レイヤーを入れた両サイドの合わせ目のカドを切り落とす。

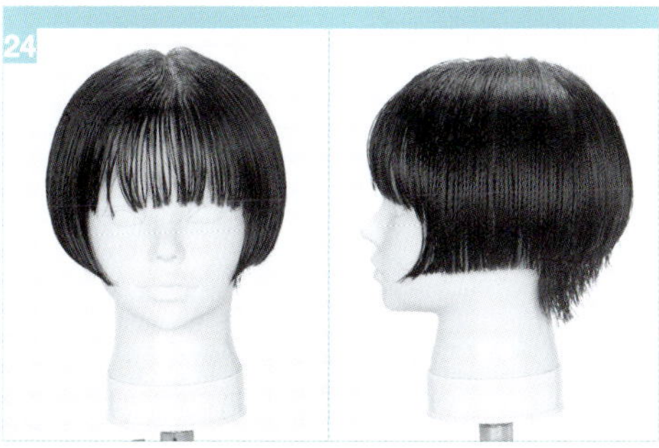

24 ブロー前のカット終了。

ドライカット

25 バングのチェック。縦にスライスをとり、センターにシェープしてレイヤーカット。表面に段差をつける。

26 セニングでさらにバングの毛先をぼかす。

27 フロントもセニングでぼかす。

Category Ⅳ **SHORT GRADUATION**

ショートグラデーション3
前後2セクションの
スタイル

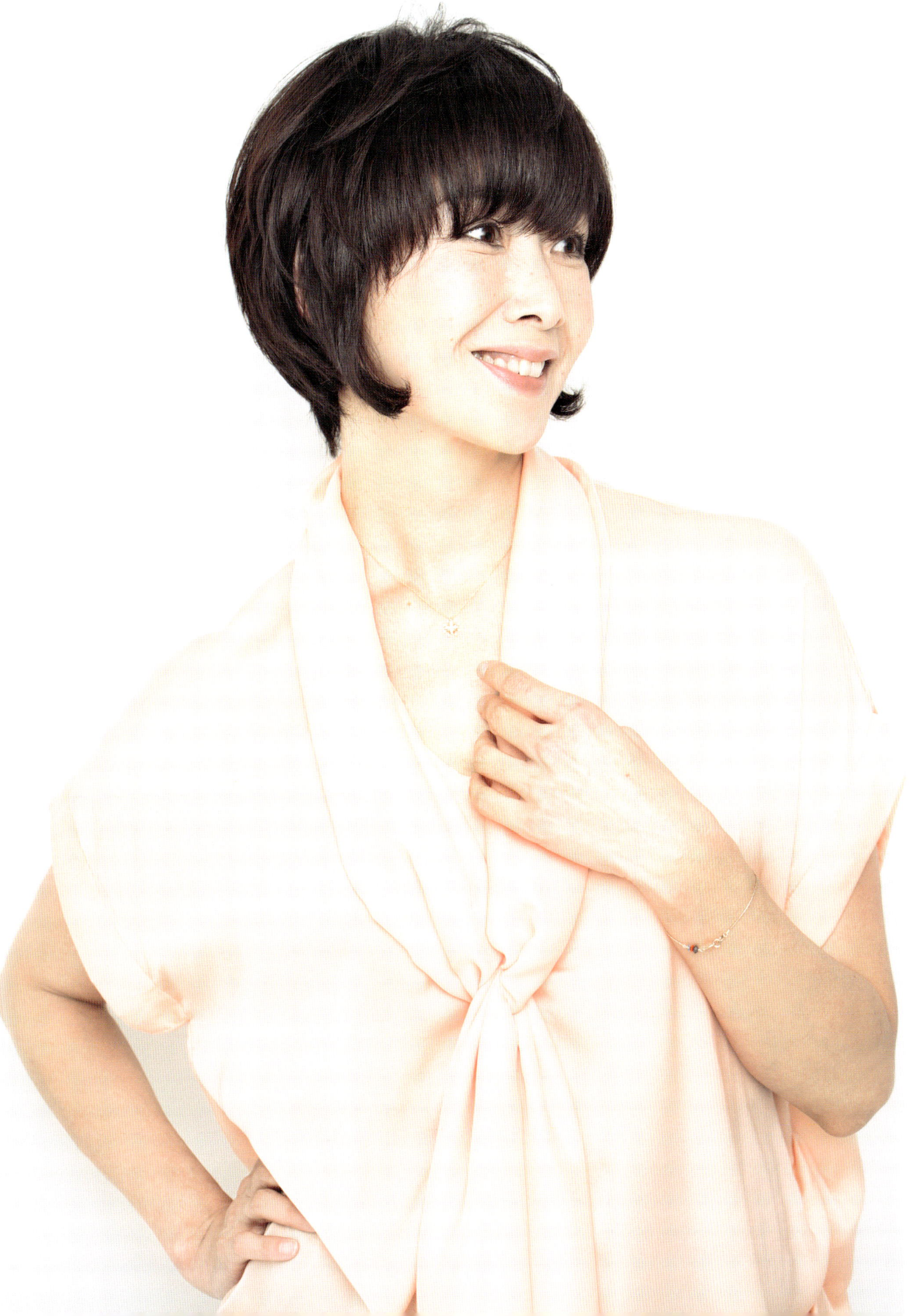

Category Ⅳ SHORT GRADUATION

ショートグラデーション スタイル3

前後2セクションの
スタイル

モード系というよりかわいいイメージのショートグラです。バックはステップカットした後、縦スライスでグラを入れ直します。サイドはバックとディスコネになっていて、長く残して切ります。頭のはち下までレイヤーを入れるので、薄毛や軟毛もカバーしやすい。スタイリングはそのままでも耳かけでもOK。

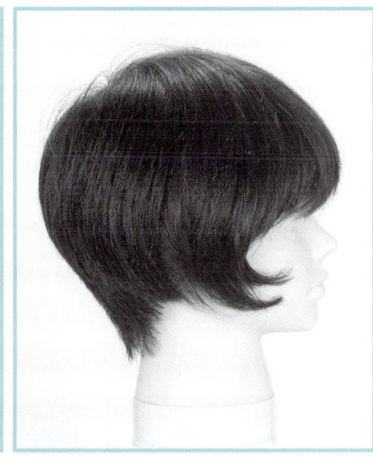

バックをステップカット

01 イア・トゥ・イアよりかなり後ろでバックとサイドを分ける。ぼんのくぼに横スライスをとり、えりあしの髪を持ち上げて、床と水平に引き出して切る。

02 バック全体を第1スライスを切った高さに合わせてカットする。反対側のバックも同様に切る。

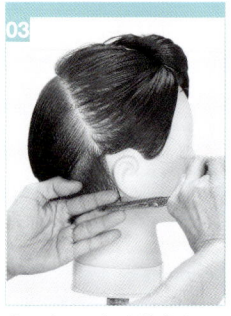

03 ネープのラインを整える。ヘムラインと平行にスライスをとり、前方に引き出してラインからはみ出す毛を落とす。

04 ネープの面を整える。コームで左右から、センターへすくいあげるようにしてカット。

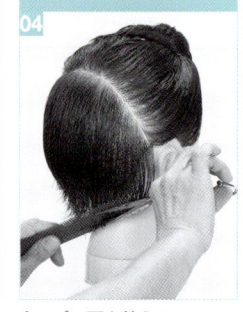

05 ここまでのカットでバックのウエイト位置が決まった。さらにここに丸みをつけていく。

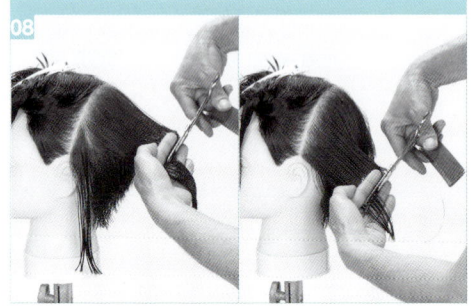

08 ここから先は、バックとつなげずに、7のカットラインの延長線で切る。

09 7,8で切った部分をガイドに、フロントまでカットする。すべて、後方に引いて切る。

毛量調整・質感調整

16 はち下も15のラインの延長線に届く範囲までレイヤーカットする。

17 フロントまで同様にレイヤーを入れていく。後方に引かないと前が短くなってしまうので注意。

18 レイヤーを入れた部分の下にできるカドをチェックカットして落としておく。

19 左右の合わせ目のチェックカット。正中線に交差するスライスをとり、後ろにシェープし、切り口のカドを落とす。

20 ディスコネになっているサイドとバックの境目にセニングを入れてぼかす。

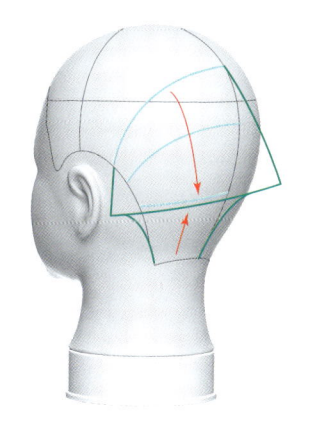

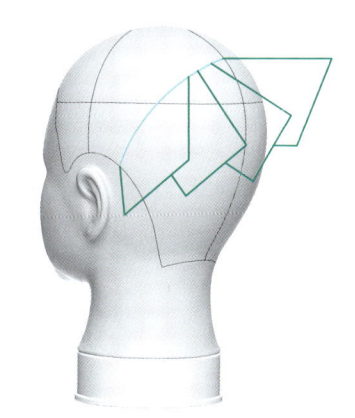

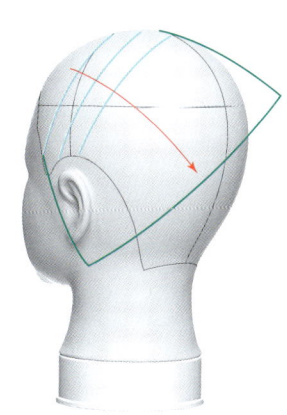

グラを入れ直す

06 斜めスライスをとり、切り口のカドを落としていく。横スライスで切ったグラを縦スライスでクロスチェックしていく要領でカット。フォルムがひとまわりコンパクトになる。

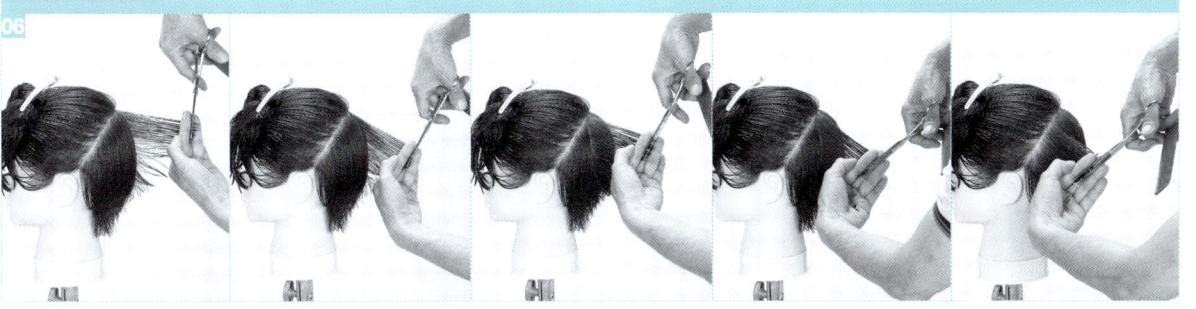

サイド

07 サイドのセクションをトップから切る。ななめスライスをとり後方に引き出す。この部分はバックをガイドにカット。

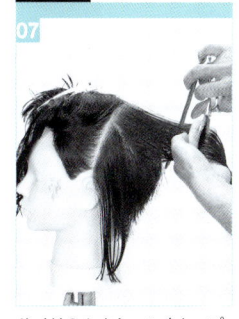

フロント

10 ここまでの状態。全体に後方に引いて切ったので、前下がりのラインができている。耳上は短いバックの上に、長いサイドの髪が重なっている。

11 ヘムラインと平行にスライスをとり、前方に引き出してフロントを前上がりのラインで切る。

12 Cシェープして内側を表面に出し、コーナーを切り落としておく。

13 フロント奥の髪を前方にシェープし、フロントのラインに合わせてはみ出す部分をチェックカットしておく。

丸みをつける

14 バックの表面の髪にレイヤーカットを入れ、カドを落としておく。

15 サイドのはち上にななめスライスをとり、オンベースよりやや後方に引き出し、グラのラインをレイヤーに切り直す。

21 バングにセニングを入れてラインをぼかす。

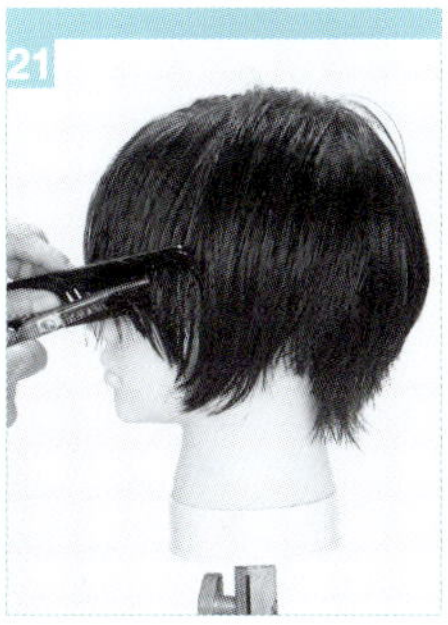

22 ブロー前のカット終了。

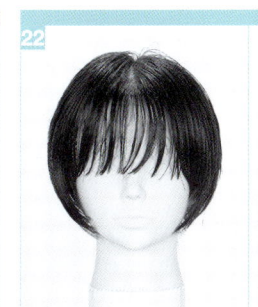

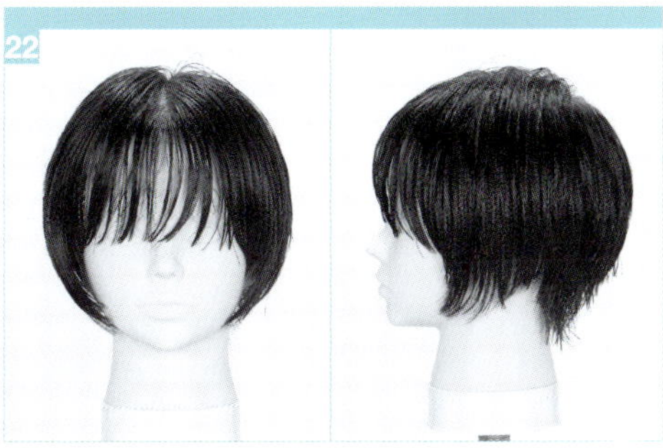

ドライ後

23 バングに縦スライスをとって引き上げ、毛先にセニングを入れる。

24 耳後ろを引き出し、毛先にレイヤーのラインでセニングを入れる。

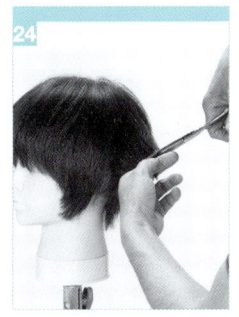

25 前髪ともみあげがつながる部分にセニングを入れて薄くし、なじませる。

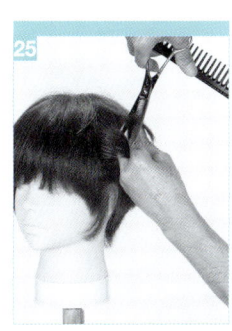

Category V　**KATASHITA LENGTH**

Style
1
バングのある
ローレイヤースタイル

大人のマストスタイルV
肩下レングス

女らしさやかわいらしさを手放したくない女性たちは、いつまでも
ロングヘアにこだわります。ただし元気のなくなってきた大人の髪
をあまり長くするときれいに見えないので、肩下あたりがおすすめ。
バングを作ったり、巻き髪に対応できるようにしたり、女らしさを
満喫できる甘さは充分に残してあげましょう。

Style 2
やや幅広の段差をつけた レイヤースタイル

Style 3
高い位置から段差をつけたスタイル

Category V　KATASHITA LENGTH

"大人の肩下レングス" 分析

テイストの違う3スタイルを切り分ける

40代・50代になっても長い髪を選択する人が増えてきているということは、趣味の違いに対応する必要があるということです。
さらに、大人の肩下レングスはイメージがあいまいだとだらしない印象になりがちです。
ねらうテイストを定めて、フォルムをきっちり切りましょう。

スタイル1　重さと前髪がかわいらしい印象

ここ数年の流行りで、大人女性でも下ろした前髪にあまり抵抗がなくなってきた。それでも50代よりは40代向け。

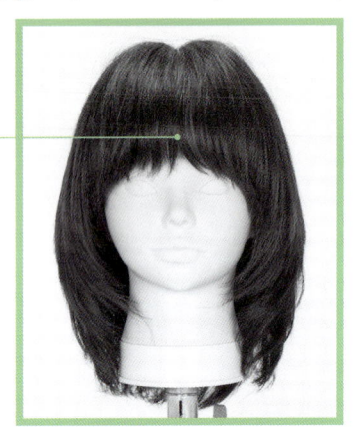

すそに重さがあり、ウエイト位置はあごあたりで、他2スタイルと比べるといちばん低い。

狭い幅の段差なので、毛先はほとんど動かない。

スタイル2　誰にでも好かれるナチュラルテイスト

フロントはサイドパートで大人っぽく。人によってはシャープ感、クール感も出せる。

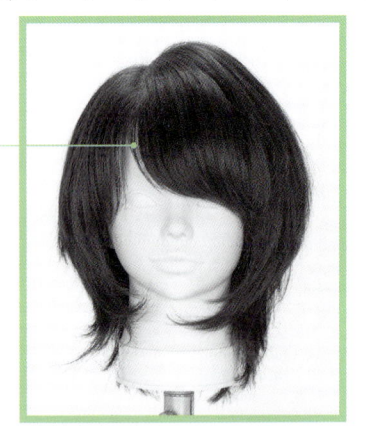

ウエイトはやや高めで、口元あたりにある。

すその毛先に動きが出るので、長めでも軽やかな印象。

スタイル3　動きのある華やかなデザイン

長く残した前髪はゴージャスで、海外セレブっぽいイメージにも。

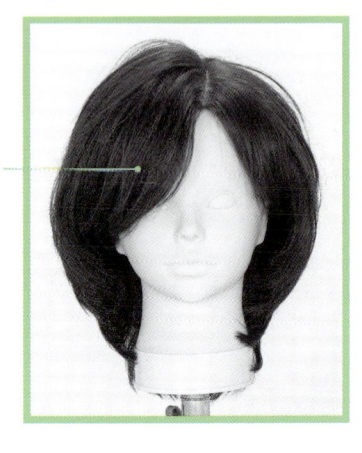

3スタイル中いちばん高い位置にウエイトがある。長めスタイルでも細身のフォルム。

幅広い段差がつき、そこから動きが出るので華やか。

フォルムの作り方

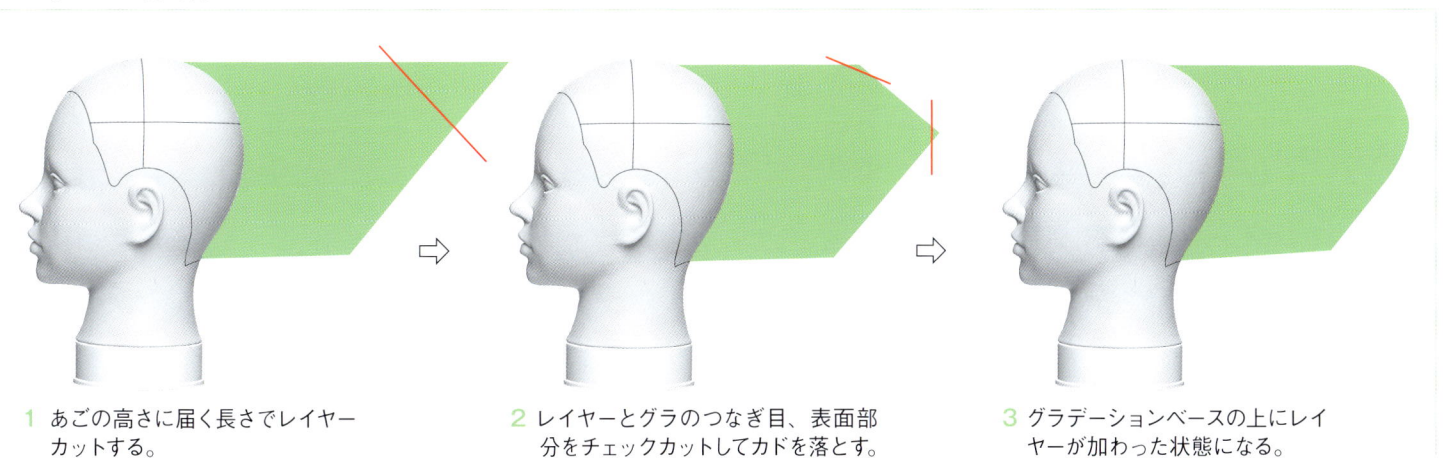

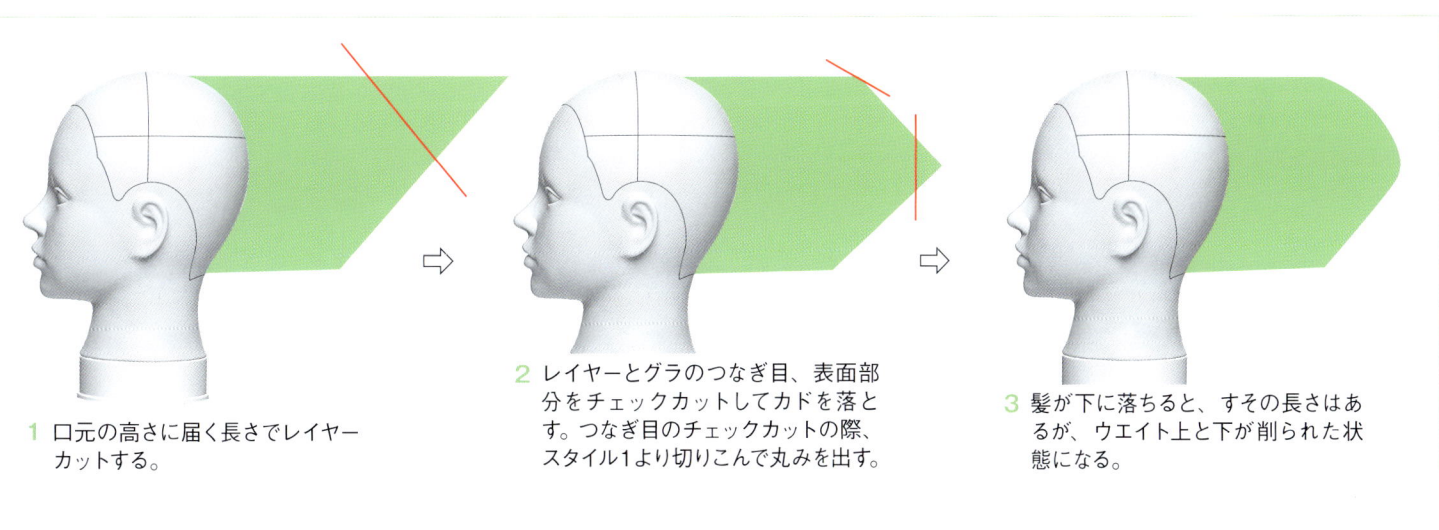

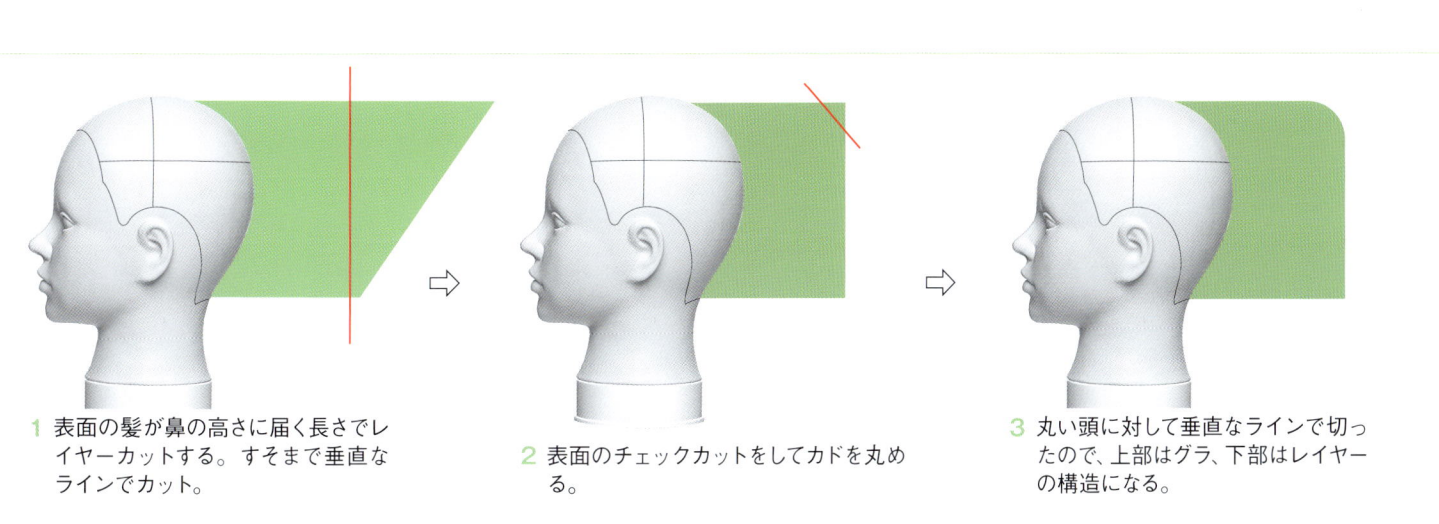

1 あごの高さに届く長さでレイヤーカットする。

2 レイヤーとグラのつなぎ目、表面部分をチェックカットしてカドを落とす。

3 グラデーションベースの上にレイヤーが加わった状態になる。

1 口元の高さに届く長さでレイヤーカットする。

2 レイヤーとグラのつなぎ目、表面部分をチェックカットしてカドを落とす。つなぎ目のチェックカットの際、スタイル1より切りこんで丸みを出す。

3 髪が下に落ちると、すその長さはあるが、ウエイト上と下が削られた状態になる。

1 表面の髪が鼻の高さに届く長さでレイヤーカットする。すそまで垂直なラインでカット。

2 表面のチェックカットをしてカドを丸める。

3 丸い頭に対して垂直なラインで切ったので、上部はグラ、下部はレイヤーの構造になる。

Category V **KATASHITA LENGTH**

肩下レングス1
バングのある
ローレイヤースタイル

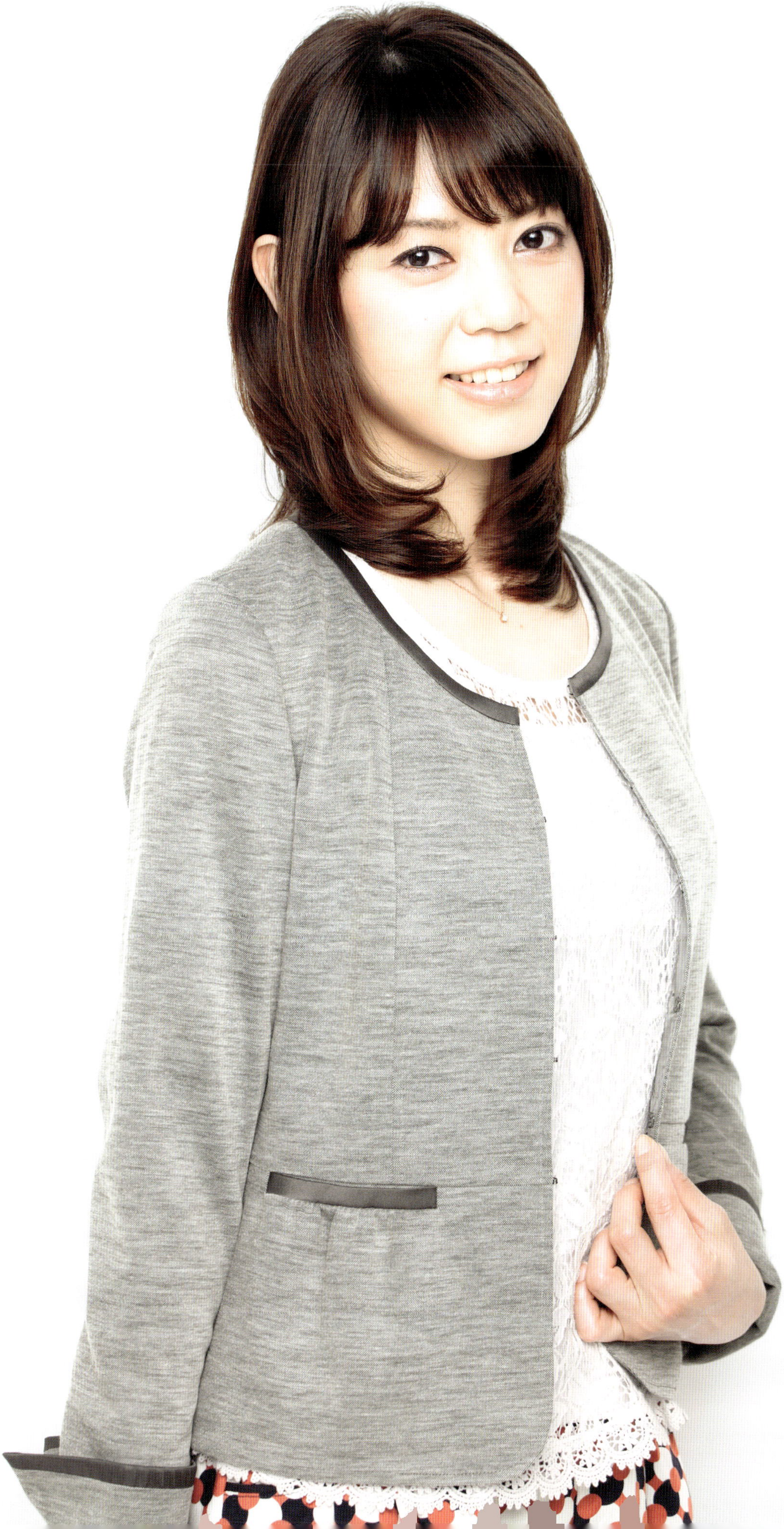

Category V KATASHITA LENGTH

肩下レングス　スタイル1
バングのあるローレイヤー

前髪があり、すそに重さを残したフォルムがかわいらしい、カジュアルなテイストが好きな人におすすめのスタイル。長めレングスですが、レイヤーカットが入るのでトップがつぶれにくくなっています。

ベースのカット

01 三角ベースをとり、センターに集めてシェープしてバングをカット。

02 Cシェープすると内側の毛が表面に出てくるので、これを切り落とす。毛がラインからはみ出すのを防ぐためのカット。

03 耳上にななめスライスをとり、前方にシェープし、あごまでの長さでレイヤーカット。

04 3で切った位置まで届く範囲をチェックする。

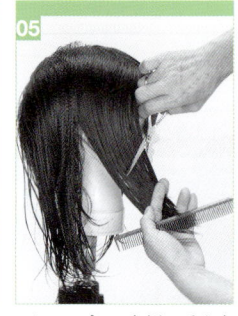

05 Cシェープして内側の毛を表面に出し、スライドカットで内側を削る。バングとフロントをなじませる効果がある。

10 8、9同様のレイヤーカットをフロントまで行う。

11 反対側も同様にレイヤーカットする。

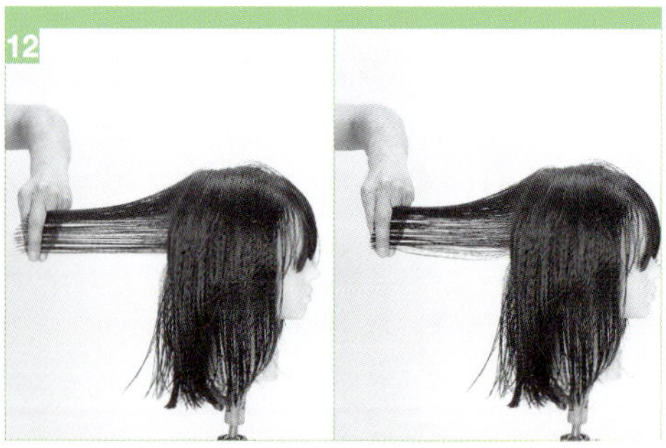

12 レイヤーにカットした後にできたカドをチェックカットで切り落とす。縦スライスを床と水平に引き出し、ラインからはみ出す部分を切る。

13 同様のチェックカットを頭一周行う。

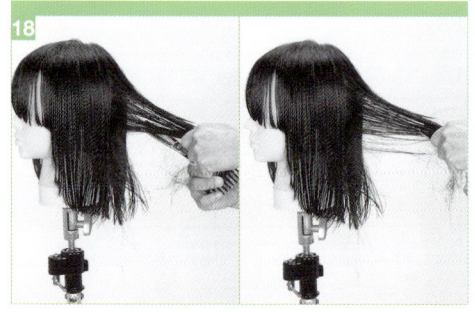

18 パネル上端の毛先に抜ける、グラのラインで削ぐ。頭一周行う。

19 フロントを前方に引き出し、ベースのカットラインに合わせて、レイヤーのラインで削ぎを入れる。

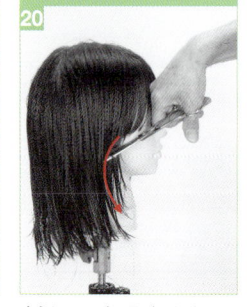

20 さらにフェイスラインにセニングを加えて柔らかい表情を作る。

21 バングを流したい方向に削ぎを入れる。センターから外へ向かって、セニングシザーでカットする。

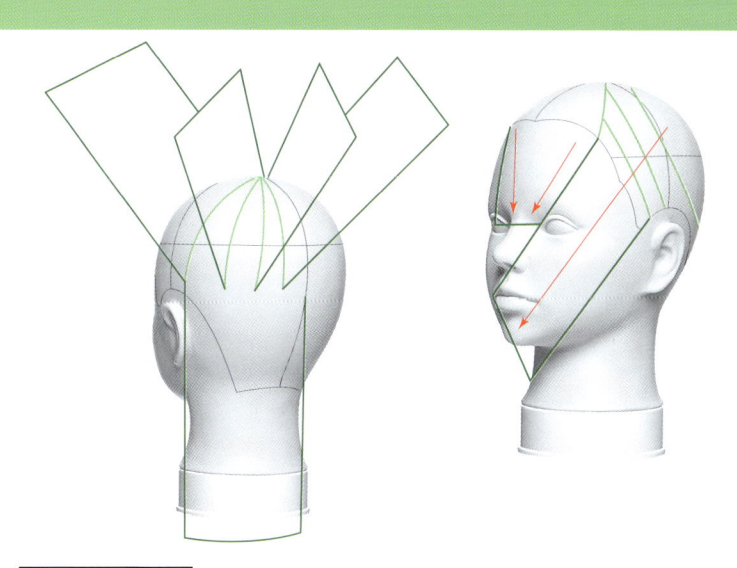

フォルムを整える

06  バングとサイドを切った状態。

07 バックをサイドとつなげて、やや前上がりのワンレングスにカットしておく。長さはバングとのバランスも考慮し、鎖骨までの長さに設定。

08 バックのセンターのはち上に縦スライスをとり、オンベースに引き出す。あごの高さに届く長さで、セイムレイヤーをカットする。

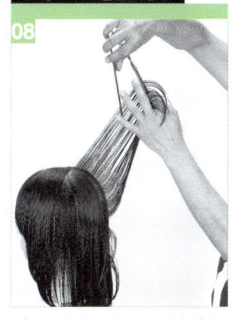

09 8で切ったラインの延長線に届く範囲まで、引き上げてレイヤーカットする。

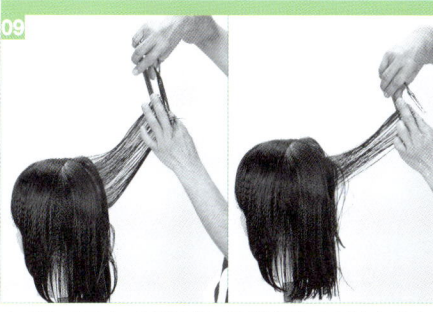

13 正中線上の髪を真上に引き出し、ラインからはみ出す部分を切り落とす。頭一周行う。

14 14で切った部分の下に新たにカドができているので落とす。頭のはち上から縦スライスをオンベースカット。これも頭一周行う。

16 レイヤーカットとカドとりを終了した状態。

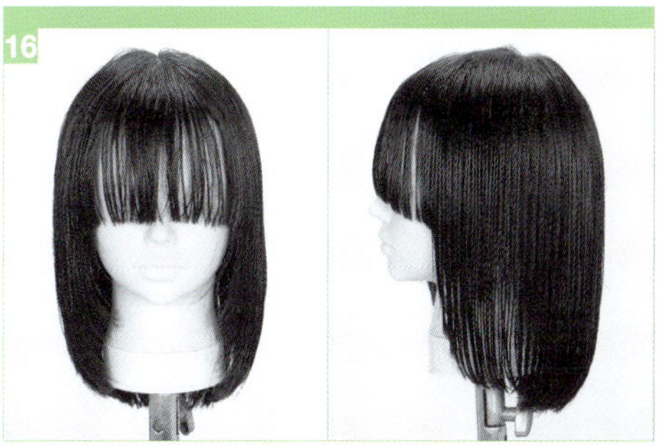

毛量調整

17 縦にスライスをとり、パネル下端の根元近くからセニングシザーを入れる。

ドライカット

22 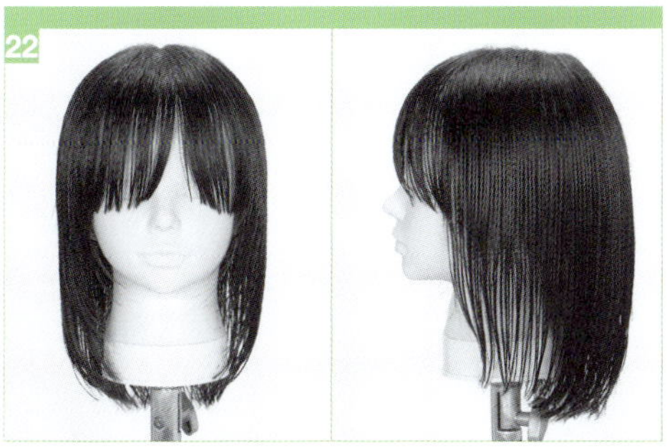 ブロー前のカット終了。

23 アウトラインのチェックカット。Cシェープして、ラインからはみ出す内側の毛を切り落とす。

24 バングの表情を柔らかくするため、センターから外へセニングを入れる。

Category V **KATASHITA LENGTH**

肩下レングス2

やや幅広の段差を
つけたレイヤースタイル

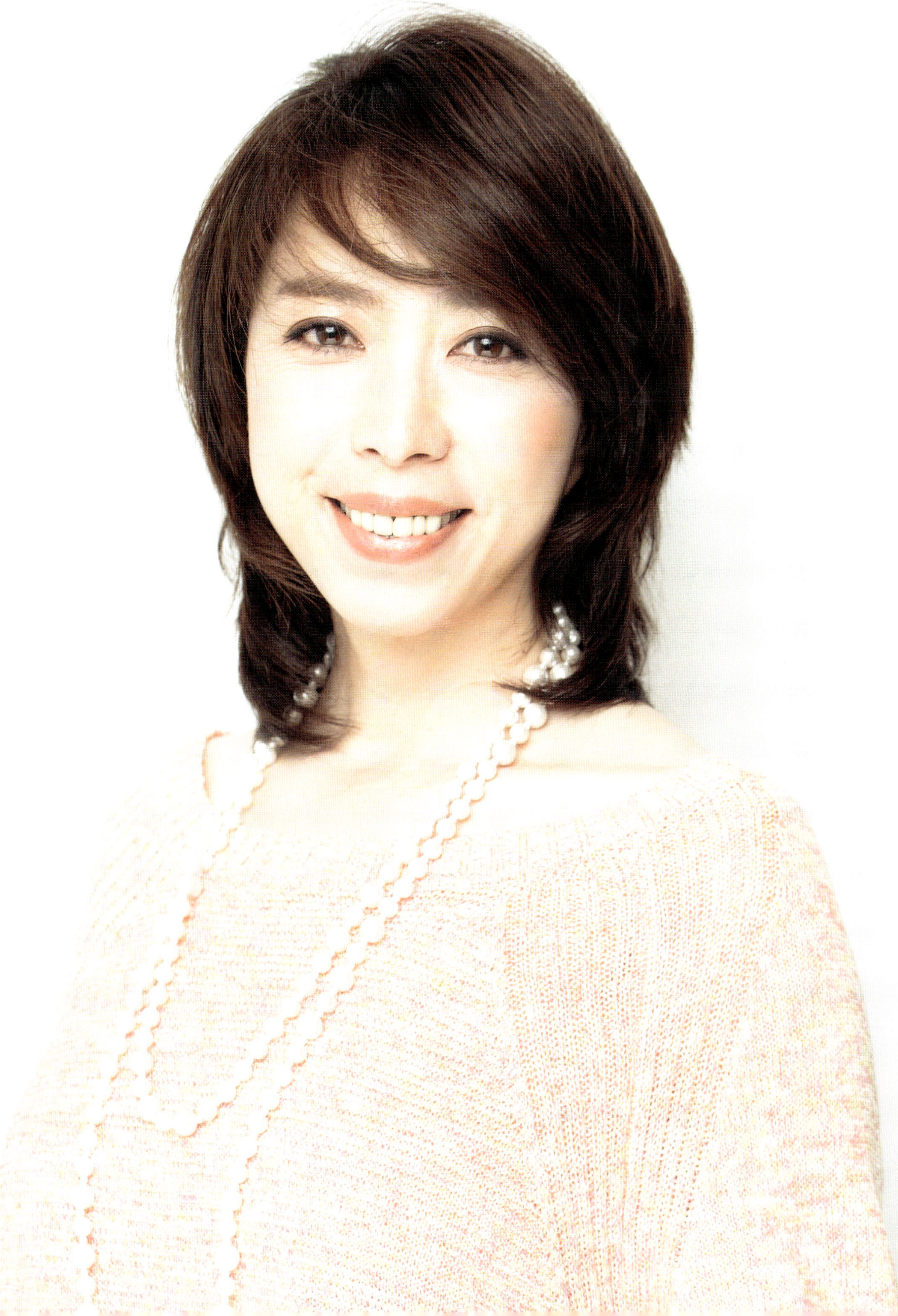

Category V　KATASHITA LENGTH

肩下レングス スタイル2
やや幅広の段差をつけたレイヤースタイル

フルバングではなく、大人に好まれる流しバングのスタイル。前上がりのグラデーションに、オンベースのレイヤーカットを加えます。スタイル1より段差が幅広くつくので、動きを表現しやすく、毛先に軽い印象が生まれます。

ベースカット

01 前上がりのアウトラインを切っておく。

02 ライトサイドからフロントを切る。鼻までの長さと、耳後ろの長さをつなぐイメージ。

03 フェースラインと平行にスライスをとり、前方に引き出してイメージしたラインでカット。届く範囲はすべて同じ位置に引き出してカットする。

04 チェックカット。Cシェープをして、ラインからはみ出してくる内側の毛を切り落としておく。

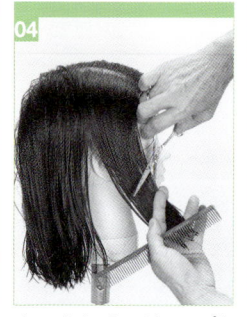

05 ヘビーサイドはライトサイドと落ちた時の高さをそろえてカットする。

11 レイヤーカットする。切った高さに届く範囲の髪をカットする。

12 同様にサイドに向かって切り進む。耳近くは髪が短くなっているので、切れる部分が少なくなってくる。カット位置に届く範囲だけ切る。

13 逆側も同様にレイヤーカットする。

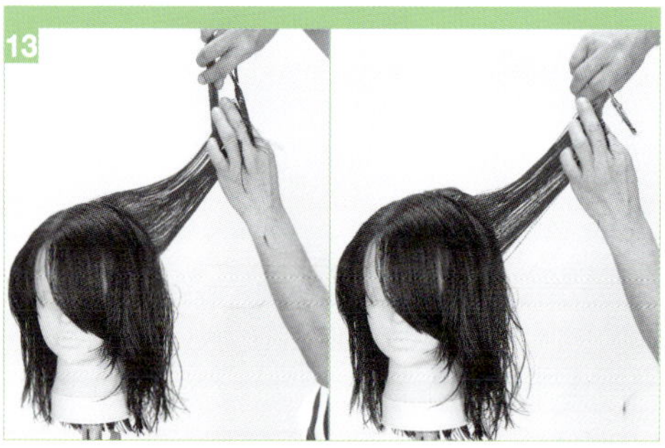

フォルムを整える

14 8～13で切った部分を60度に引き出すと、このようにカドが表れる。

21 ここまでの状態。レイヤーカットが加わり、ウエイトは下にあるもののフォルムが丸くなめらかになっている。

毛量調整・質感調整

22 フロントを軽くする。前から後ろへセニングシザーを動かして削ぐ。

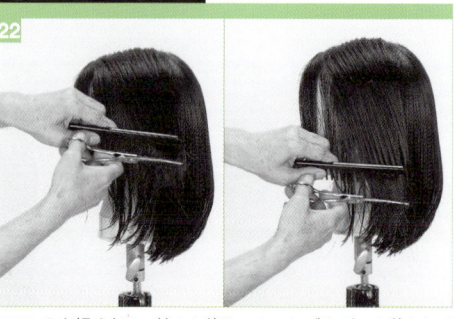

23 全体の毛量調整をする。縦にスライスをとり、少しずつ持ち上げながら、毛束の中ほどから毛先に向かってセニングを入れる。

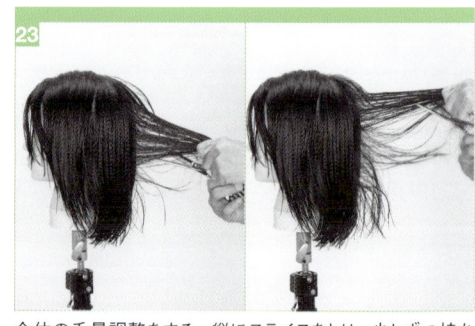

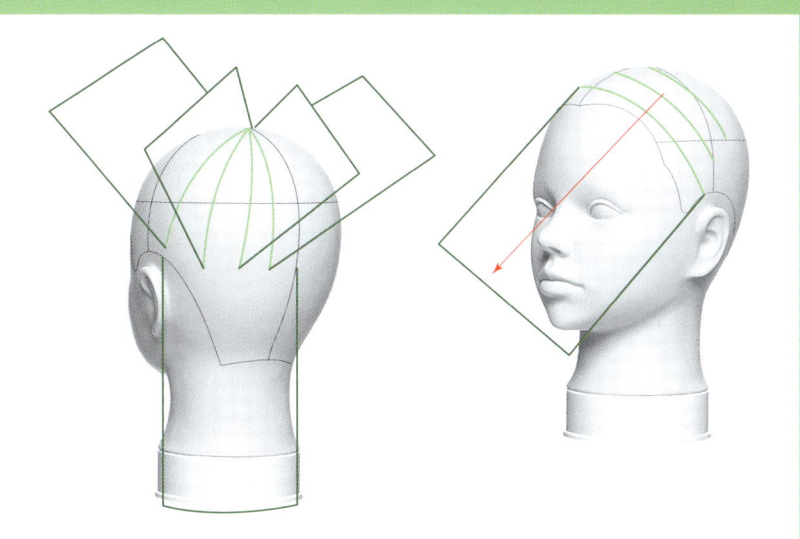

レイヤーカット

06 ヘビーサイドも前方に引き出して切るが、短く切り過ぎないよう注意する。

07 ライトサイド、ヘビーサイドのフロント。

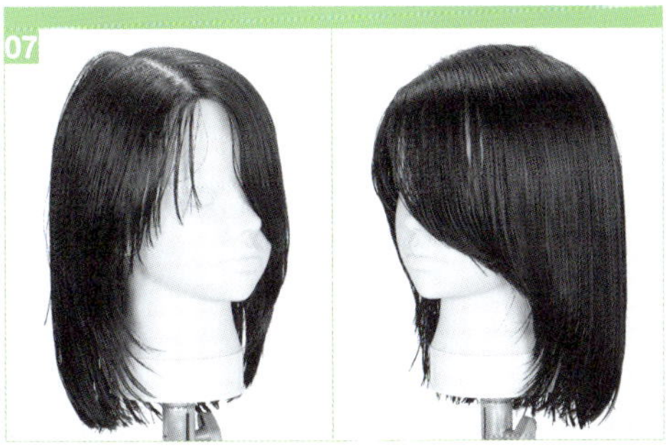

08 頭のはち上に縦スライスをとり、オンベースよりやや低い高さに引き出す。

09 口元の高さに届く長さでレイヤーカットする。

10 はら下も9と同じ高さにシェープして、

15 これを切り落としてなめらかにしておく。頭一周行う。

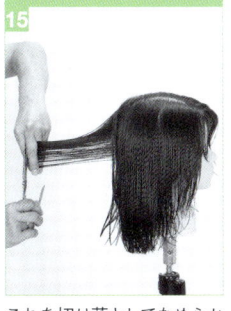

16 トップの髪を真上に引き上げると、グラデーションの切り口が表れる。

17 これをレイヤーカットで切り直す。トップ一周行い、ウエイトラインの表面をなめらかにする。

18 耳上から縦スライスをとり前方に引き出すと、このようなカドが表れる。

19 これを引き上げて切り落とす。

20 バックも届く範囲まで、前方にリフトしてチェックカットする。このカットでフロントとサイドの間に残っていた厚みがとれる。逆側も行う。

ドライカット

24 アウトラインをぼかす。髪を下ろした状態で、毛先にセニングを入れる。

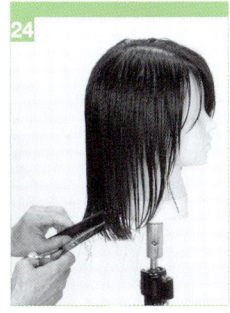

25 毛先に動きを加える。パネルを引き上げ、毛先にセニングを入れる。

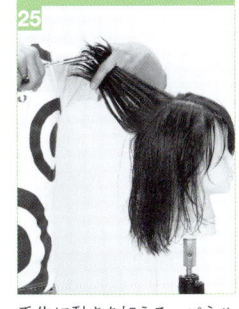

26 ブロー前のカット終了。21に比べて毛先に軽さが出ている。

27 バングにセニングを入れる。流したい方向にハサミを動かす。

28 フロントにセニングを入れる。

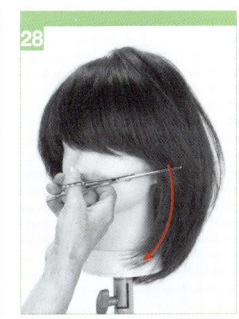

Category V **KATASHITA LENGTH**

肩下レングス 3
高い位置から
段差をつけたスタイル

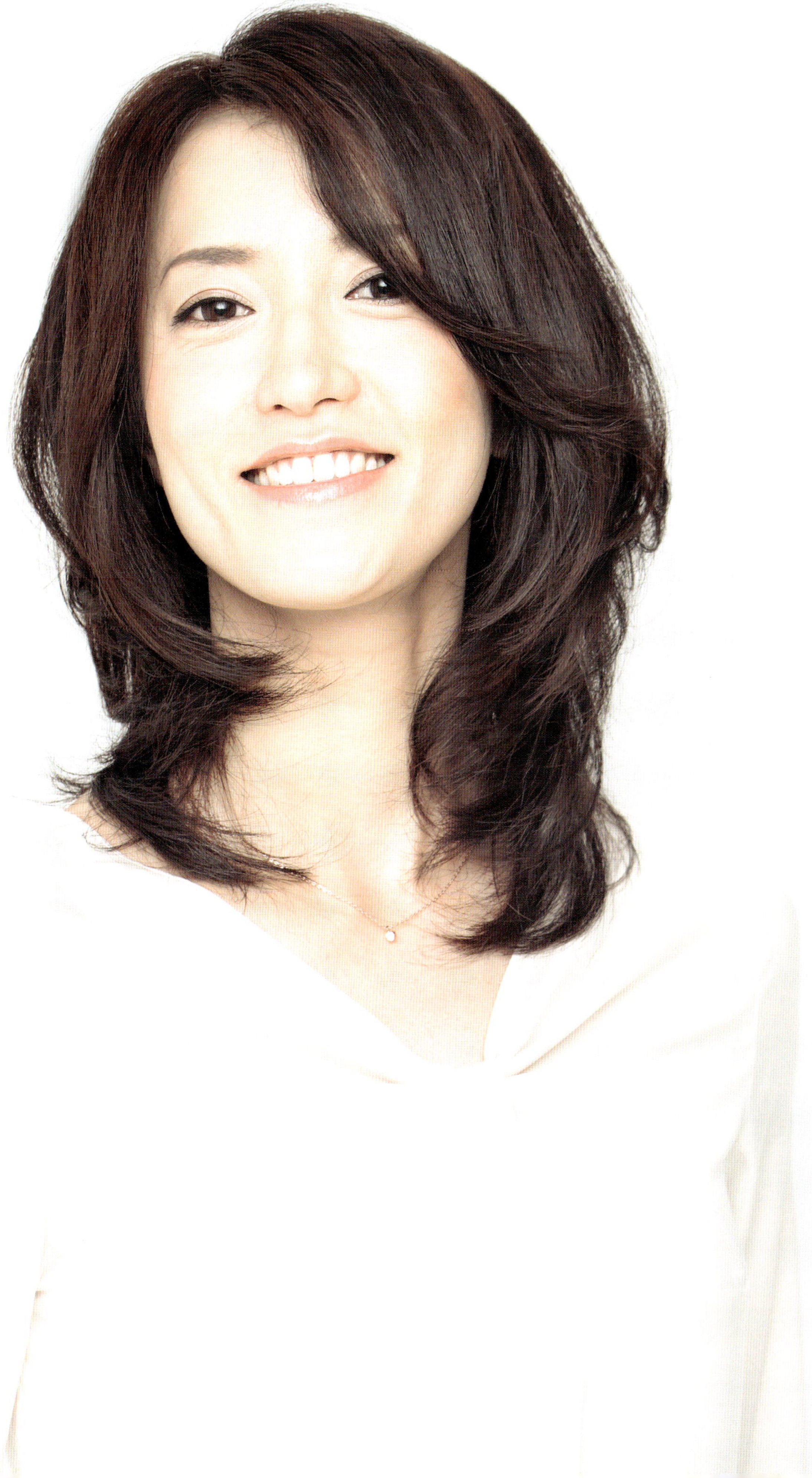

Category V　KATASHITA LENGTH

肩下レングス スタイル3
高い位置から段差をつけたスタイル

縦スライスを床と平行に引き出してレイヤーカットして作るスタイルです。ウエイトは残りますが、3スタイル中もっともすそが薄くなって縦長っぽいフォルムになります。

バックのカット

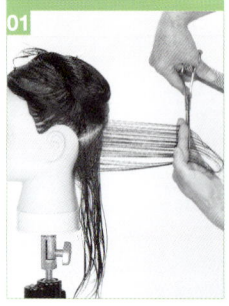

01 ネープのセンターに縦スライスをとり、床と平行な高さに引きだして、垂直ラインでカットする。

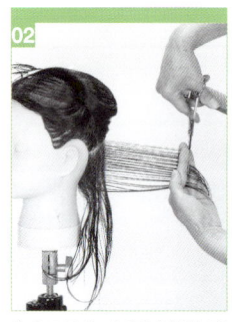

02 次のスライスも床と平行な高さで、引き出す方向はオンベースでカットする。

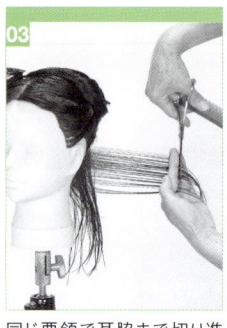

03 同じ要領で耳脇まで切り進む。引き出す高さは床と平行だが、引き出す方向は頭の丸みに合わせて放射状になる。

04 上の段も同様にカットする。高さは床と水平、方向はオンベースでカット。

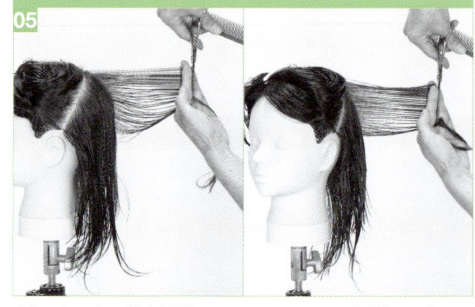

05 もうひとつ上の段も同様にカット。センターから耳後ろに向かって切り進む。

09 バック、サイドのカット終了時の状態。

チェックカット

10 センターライン上を真上に引き上げると、このようなカドがあるので切り落とす。スライス幅はあまり広くとらないこと。

11 フロントまで同様にチェックカットする。このカットによってウエイトラインがまろやかになる。

12 続いて縦のチェックカット。バックのセンターに縦スライスをとるとこのようなカドがあるので切り落とす。同じ要領でバックからフロントまで行う。

16 ヘビーサイドはライトサイドと落ちる位置の高さを合わせて、前方に引き出してカットする。

17 フロントをCシェープすると内側の髪が表に出てくるので、そこをスライドカットで削り、軽さを出す。

18 フロントのカットを終えた状態。

量感調整・質感調整

19 バックのアウトラインを整える。みつえり部分ははみ出しやすいので、Cシェープして内側の毛を削っておく。

20 バングにセニングを入れ軽さを出す。

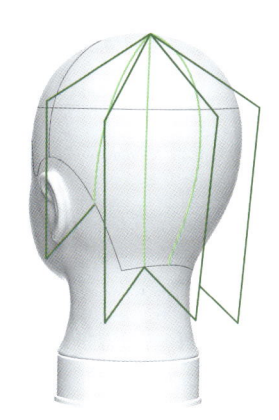

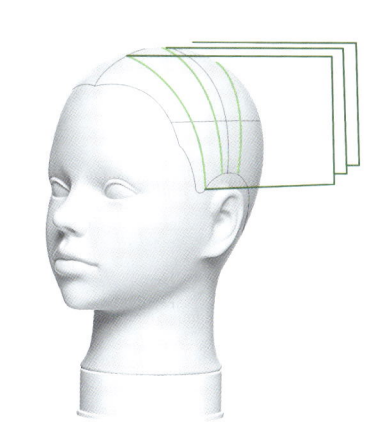

サイドのカット

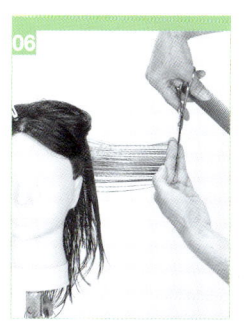

06 耳後ろははば顔の横にパネルを引き出してカットする。

07 最後の段まで床と水平に引き出してレイヤーカットする。

08 バックと同じ要領で、縦スライスを床と平行に引き出してレイヤーカットする。バックは放射状にパネルを引き出したが、サイドはどのパネルも真横に引き出して切っていく。

フロントのカット

13 チェックカット終了の状態。

14 フェースラインに平行にスライスをとり、前方に引き出してレイヤーカット。

15 パート上だけオンベースに引き上げてカット。バックまで届く限り前にシェープして切る。

ドライカット

21 もみあげ部分の髪をセニングシザーで削ぎ、軽くする。

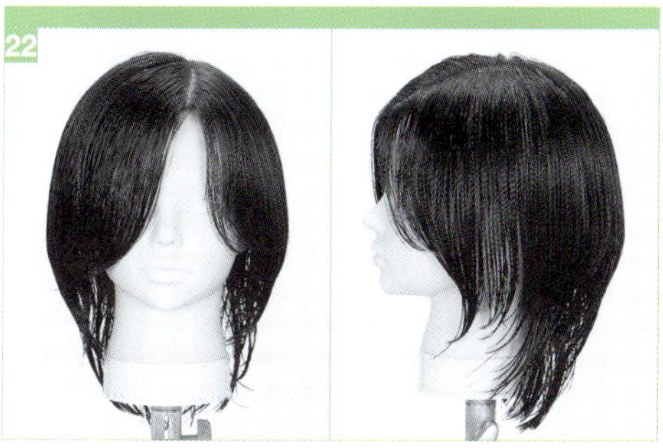

22 ブロー前のカットはこれで終了。

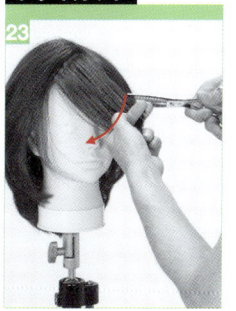

23 フロントをパート分けし、パートからサイドに向かって、前髪にセニングを入れる。

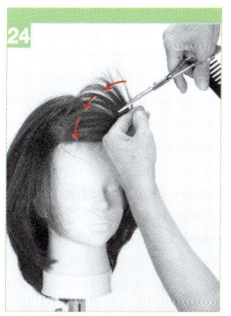

24 前髪をパートから反対サイドへシェープし、毛先にセニングを入れる。

25 パート上を引き上げて毛先にセニングを入れる。

Category VI SHORT STYLE

Style 1
ショートバングの
セイムレイヤー

大人のマストスタイル Ⅳ
耳上ショート

以前は40代になるとショートヘアにする確率が高かったものですが、今は傾向が変わっています。耳上ショートにするのは60代のお客様か、むしろもっと若い30代に多く、40代・50代の比率はそう高くありません。今の女性たちの嗜好に合わせるなら、ショートでもシャープな印象にせず、重さを残してかわいらしさを表現したデザインがおすすめです。

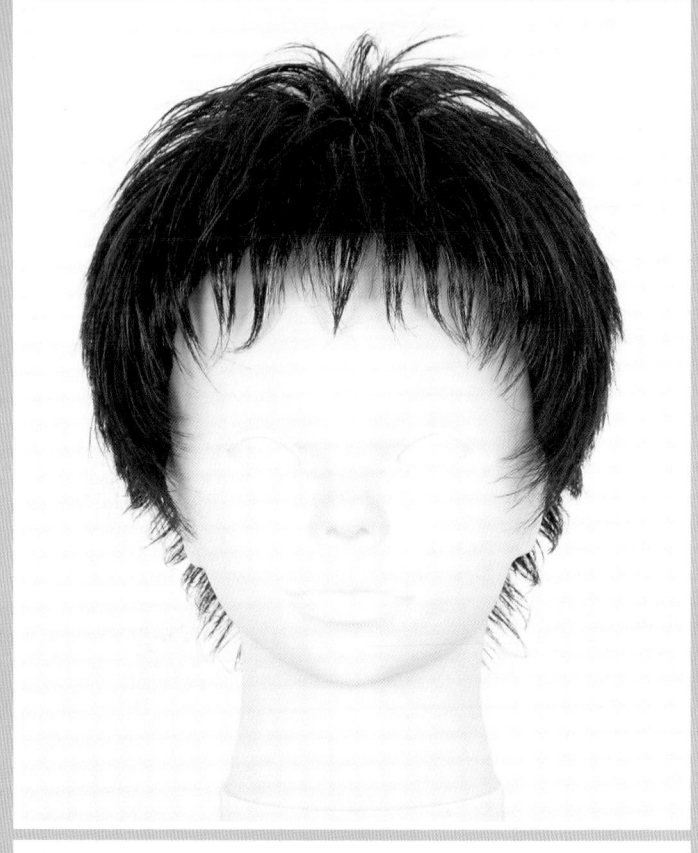

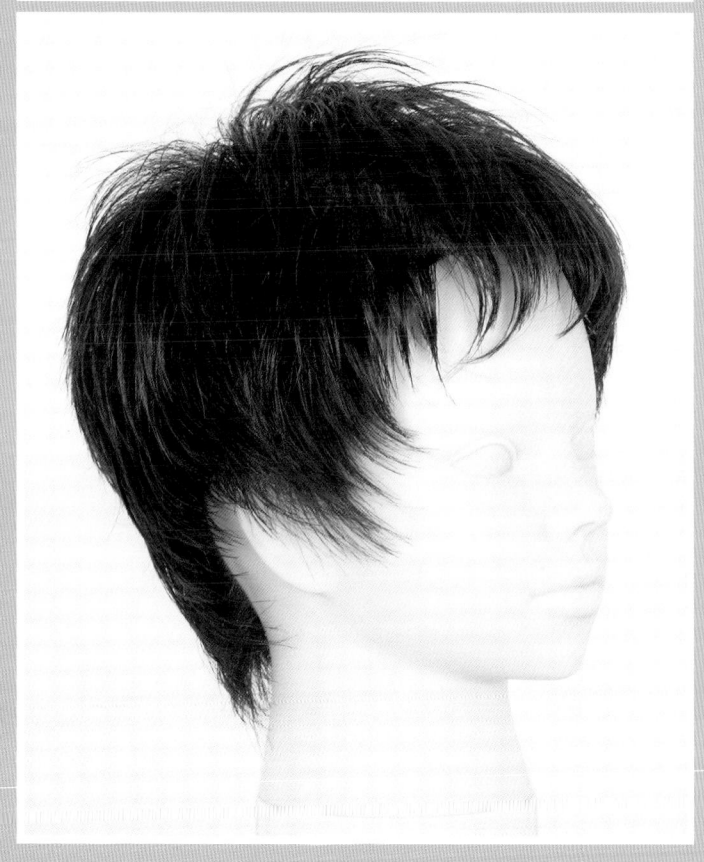

Style 2
もみあげをアクセントにしたショート

Style 3
トップにレイヤーを加えたショートグラ

Category VI **SHORT STYLE**

"大人の耳上ショート" 分析

どうやってかわいらしさを出すかがキモ

ショートヘアでもシャープな感じよりはかわいらしいイメージを求めるのが今の40代・50代。
その嗜好に応えるために、どのスタイルにもある程度重さを残したデザインにしています。
さらに優しいイメージにするために、前髪やもみあげ部分に長さを残したり、顔まわりに面を残したりすると効果的です。

スタイル1 あまりウエイトを残さないで全体に丸みを出す

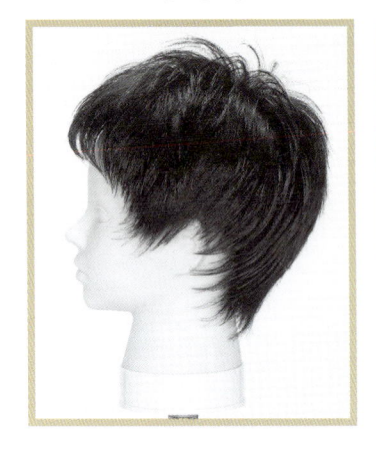

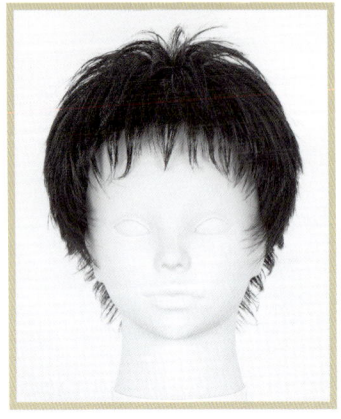

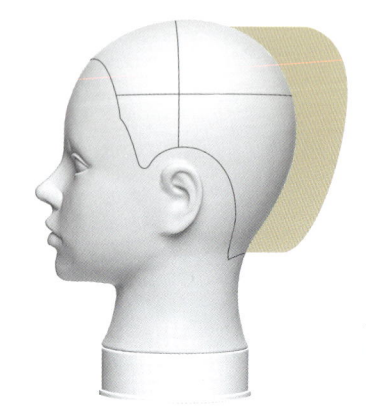

ベースはセイムレイヤーで、はっきりしたウエイトを感じさせない丸いフォルム。あまり短いセイムだと男っぽい細長い形になってしまうので、ある程度の長さで、全体に丸い形を作る。

スタイル2 長めの前髪ともみあげでかわいらしさを出す

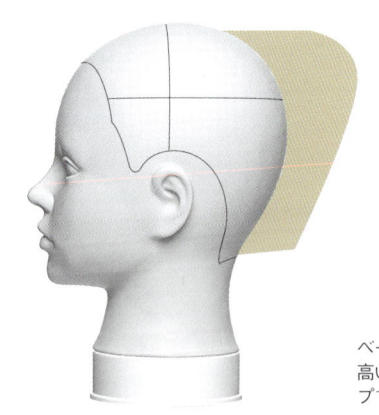

ベースはショートグラデーションで、バックの高い位置にウエイトがある。そのままだとシャープで男っぽい印象になりやすい。

スタイル3 面となめらかなフォルムで女らしく

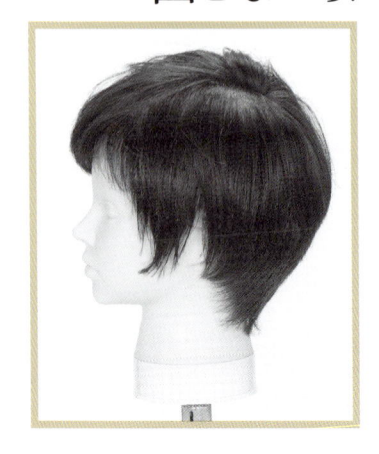

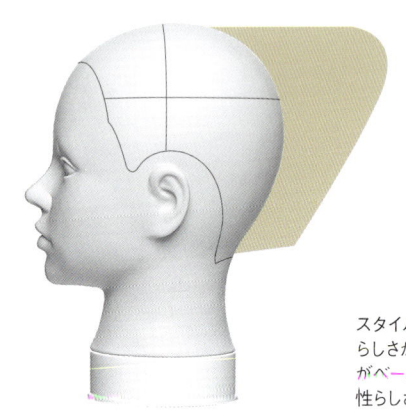

スタイル2よりはウエイトが下にあり、かわいらしさが出しやすいフォルム。グラデーションがベースなので面の部分が多く、理知的な女性らしさを出しやすいショートと言える。

前髪に厚みを出す

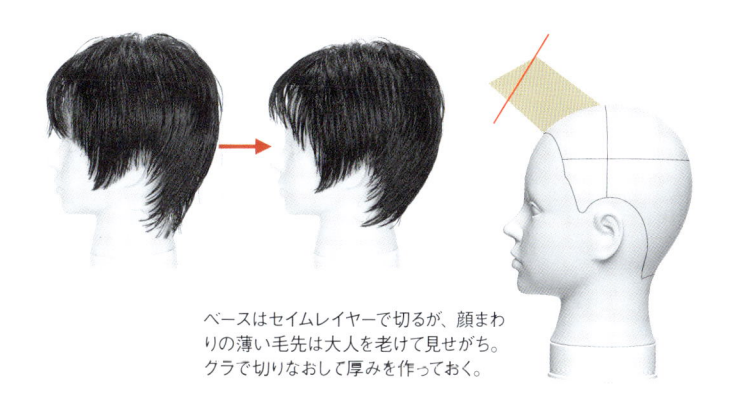

ベースはセイムレイヤーで切るが、顔まわりの薄い毛先は大人を老けて見せがち。グラで切りなおして厚みを作っておく。

アウトラインをもさっとさせない

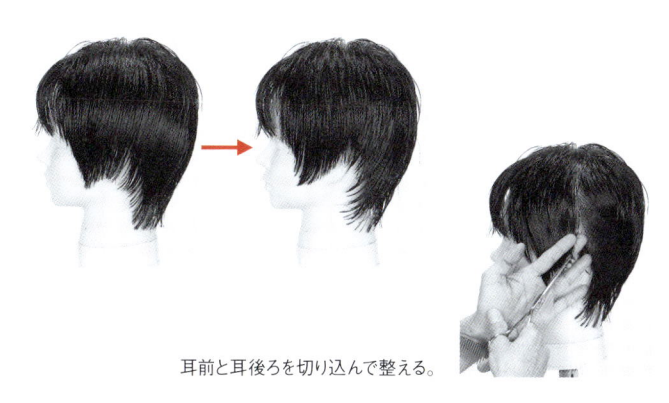

耳前と耳後ろを切り込んで整える。

長めの前髪で女らしく

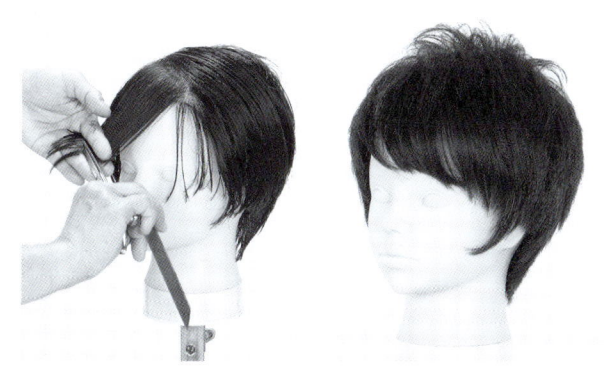

前髪はある程度長さを残しておく。顔まわりに面があると、全体が短くても女らしい印象になる。

もみあげの長さを残してアクセントに

グラデーションのカット後　　**仕上がり**

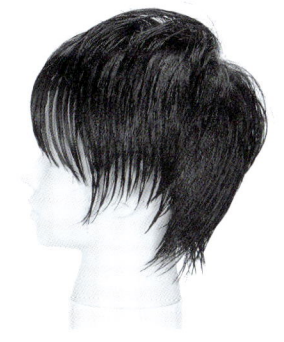

縦でグラデーションを切ると、耳まわりの形がそのままアウトラインに出てくる。長く残ったもみあげを活かし、デザインのアクセントに。

レイヤーとグラのつなぎ目をなめらかに

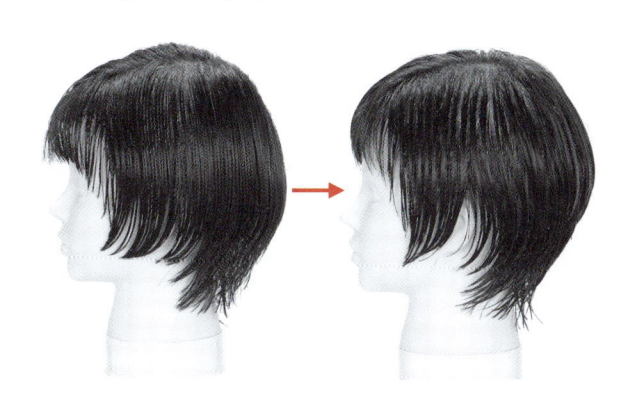

レイヤーとチェックカットで、ウエイト部分に丸みを出す。スタイル2のようなトップを動かすのが目的のレイヤーではなく、なめらかさを出すためのレイヤーカット。

Category VI SHORT STYLE

耳上ショート1
ショートバングの
セイムレイヤー

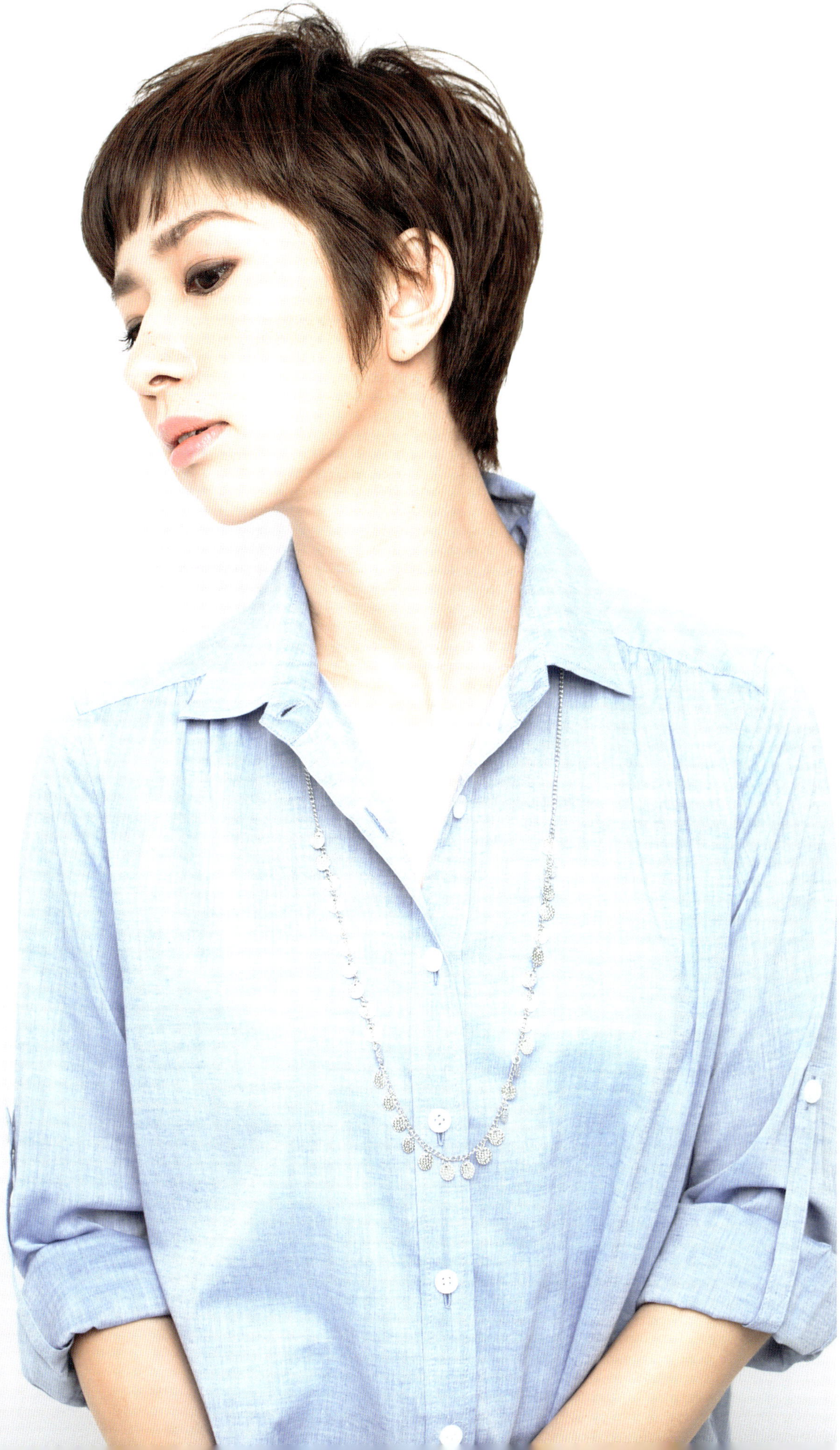

Category VI SHORT STYLE

耳上ショート スタイル1
ショートバングのセイムレイヤー

モード系ファッションの人、そして楽なスタイリングを求める人に人気のスタイルです。頭を輪切りにして、上の段から下へとセイムレイヤーを切っていきます。動きを持たせながらも、カドとりやアウトラインをていねいにして大人のショートに。

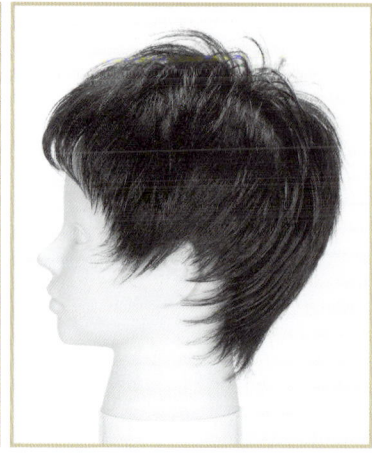

ベースのレイヤーカット

01 トップからカット。つむじの手前に、正中線と垂直に3センチ幅のスライスをとり、セイムレイヤーをカットする。

02 1と平行にスライスをとりながら、オンベースに引き出し、セイムレイヤーでフロントへ切り進む。

03 反対側も同様に、つむじからフロントへカットする。

04 セイムレイヤーで切った左右の合わせ目にはこのようにカドがあるので、これを切り落としておく。

チェックカット

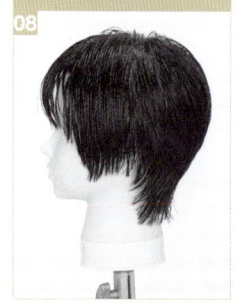

08 ベースのカットが終了した。

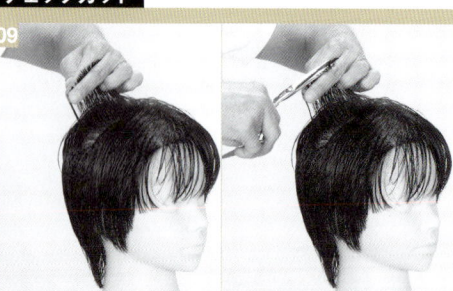

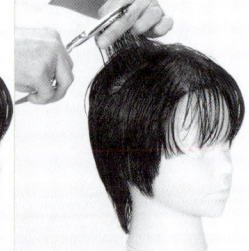

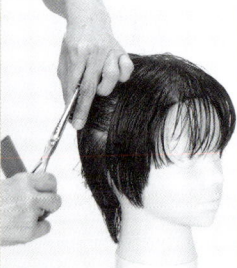

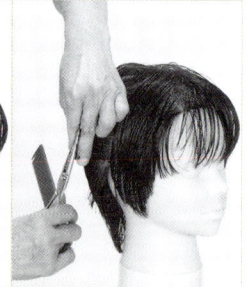

09 フォルムをなめらかにするカット。ベースを切った縦スライスと交差するななめスライスをとる。オンベースで引き出して、切り口のカドを落とす。

フロント、バングを整える

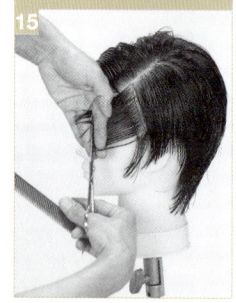

15 こめかみともみあげをつなぐスライスをとり、前方に引き出して垂直なラインでレイヤーカット。目の下から段差がつく。

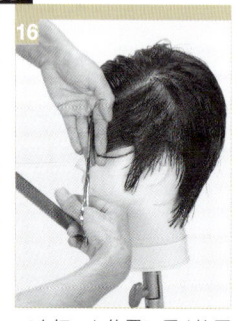

16 15を切った位置に届く範囲の髪をすべて同じ位置でカットする。逆も同様に切る。

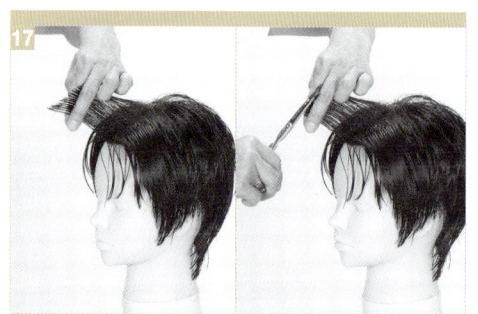

17 前髪にスライスをとって引き上げるとセイムレイヤーの切り口になっている。これをグラデーションで切り直して前髪に厚みを作る。

18 17と平行なスライスをとり、端まで同様にカットする。

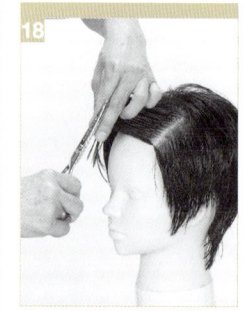

毛量調整・質感調整

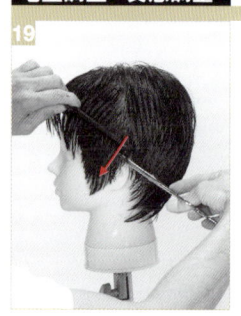

19 セニングでもみあげ部分を削ぐ。さらに前髪からフロントにも削ぎを入れる。前後からの削ぎでラインがぼけ、顔まわりの髪が肌になじむ。

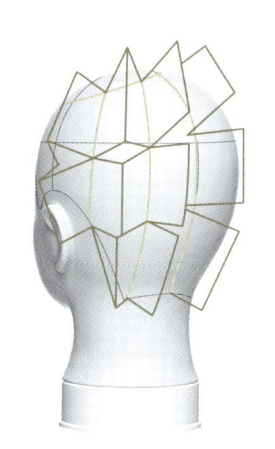

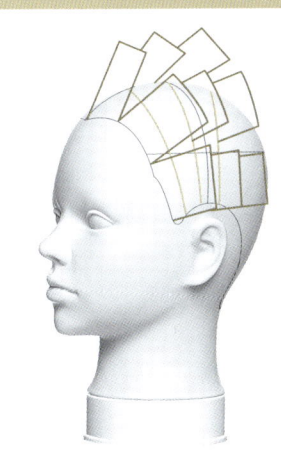

2段目はトップの下から後頭部の一番出ているところまで。セイムレイヤーを一周カットする。

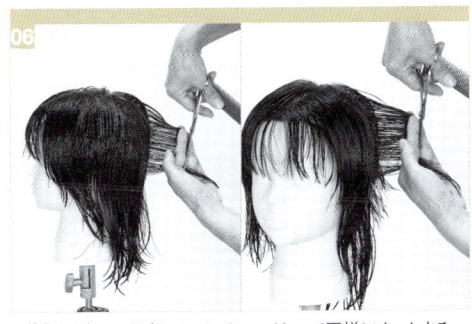

3段目はぼんのくぼまで。セイムレイヤーで同様にカットする。

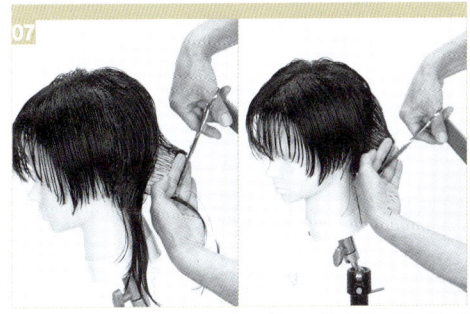

最後の段は、ぼんのくぼからネープまで。頭を前に倒してセイムレイヤーを切る。スライスは頭の形に合わせてバイアスにとる。

耳まわりを整える

バックもベースのカットのスライスと交差するスライスをとり、オンベースで引き出して切り口のカドを落とす。

耳を境に前後を分ける。耳後ろからネープまでななめスライスをとり、60度に引き出してセイムレイヤーにカット。

11のカット位置に届く範囲までを集めてカットする。

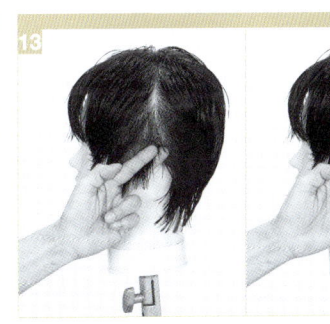

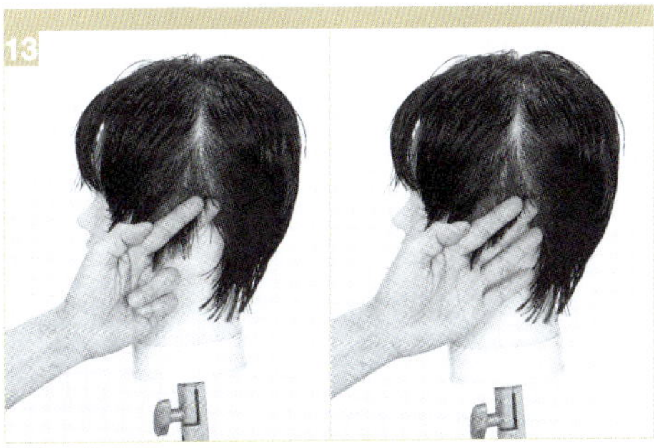

今度は耳前にスライスをとり、レイヤーカット。

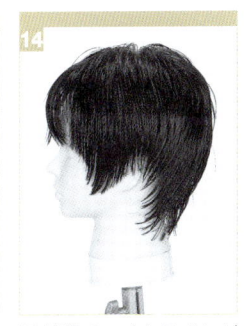

耳付近のアウトラインがシャープに整った。

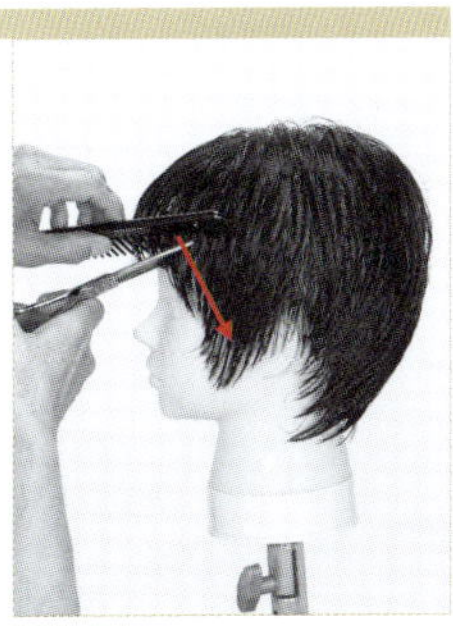

ドライ

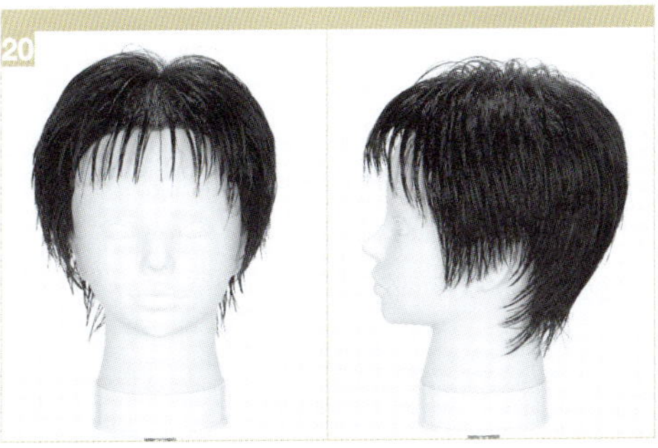

ブロー前のカット終了。

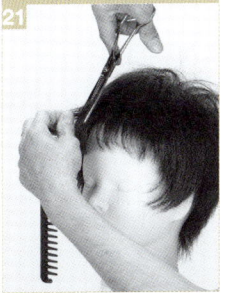

顔まわりの柔らかくしたいところを毛束をつまんで引き出し、セニングで削ぐ。

トップを立たせたいので、セニングで毛束の中間から間引きしておく。

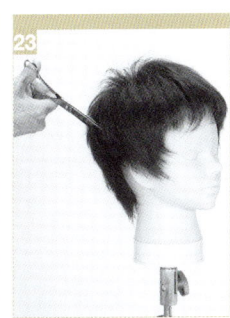

セニングシザーを後ろから前へ動かして、溝をつくるように削ぐ。毛流れを見せやすくなる。

103

Category Ⅵ SHORT STYLE

耳上ショート2

もみあげを
アクセントにしたショート

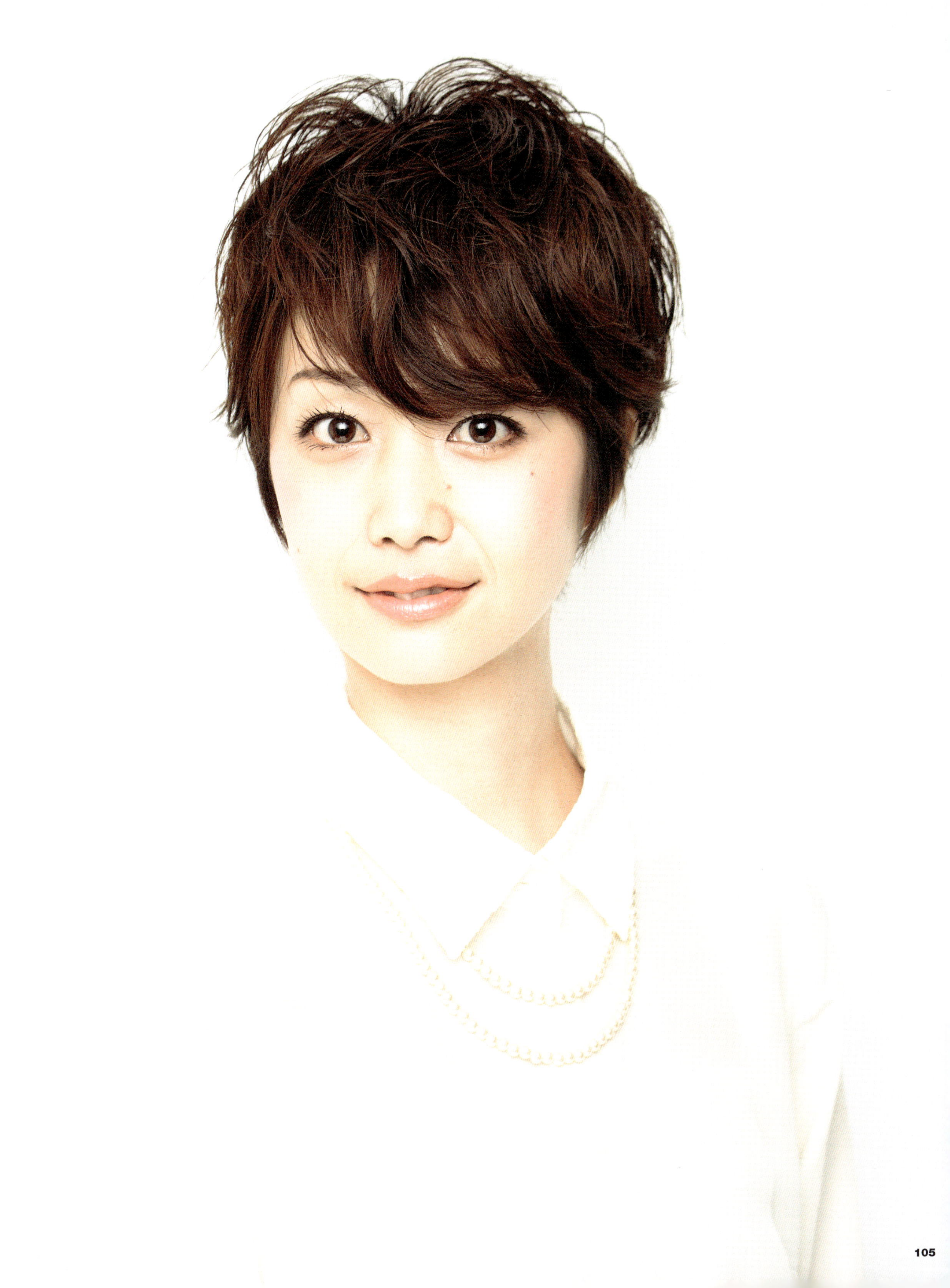

Category VI SHORT STYLE

耳上ショート スタイル2
もみあげをアクセントにしたショート

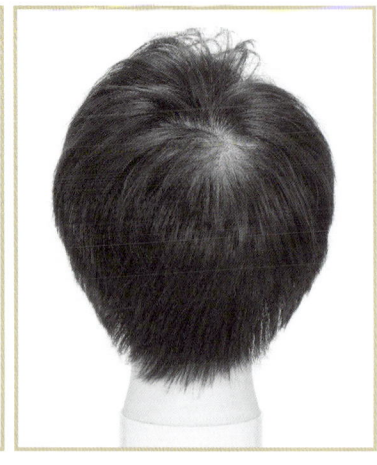

ショートでヘムラインの髪を長めに残すデザインです。以前はえりあしを長く残すスタイルも流行りましたが、今はもみあげだけを残すことが多いです。ベースは縦切りのグラデーション。トップにレイヤーを入れるので、髪がぺたっとしがちな人でもOK。フロントに長さがあるので、トップを短くすることも受け入れられやすいスタイルです。

バック

01 ネープのセンターにななめスライスをとり、オンベースで引き出す。セイムレイヤーに近いグラのラインでカット。端まで切り進む。

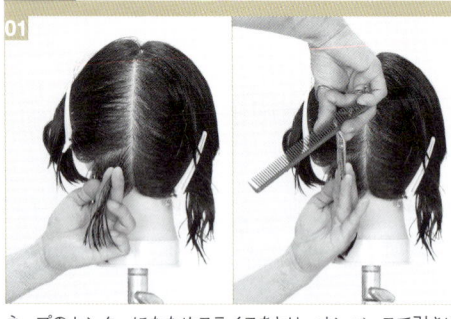

02 次の段もななめスライスをとり、下段の延長のラインでカット。ステムは少しずつ下げていく。

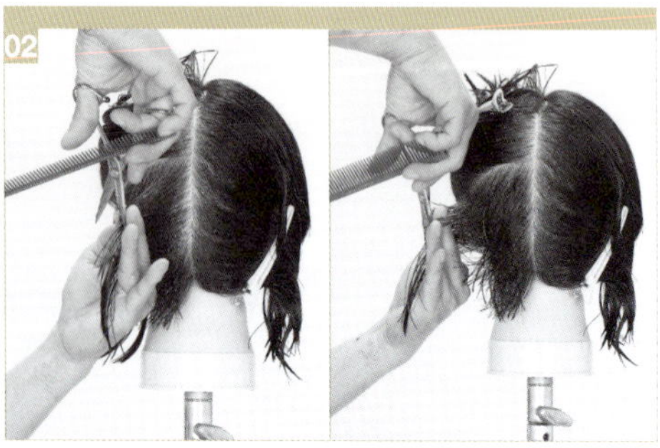

03 最後の段も同様にカット。

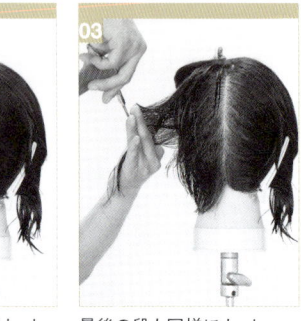

サイド

04 バックと同様に、斜めスライスをオンベースで引き出し、セイムに近いグラのラインで切る。

08 このようにセイムレイヤーでカットする。

09 頭のはち上にレイヤーカットを一周して、髪に動きを出す。

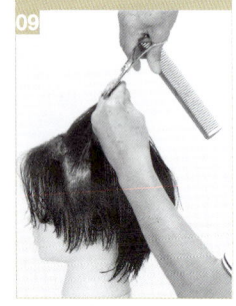

フォルムを整える

10 レイヤーとグラの間を引き出してみると、カドが表れる。これを切り落としておく。

11 トップからすそまで、角度を変えて引き出して、切り口に表れるカドを切り落としておく。

16 ライトサイドはヘビーサイド寄りにシェープして切る。こちらも第1スライスを切った位置に届く範囲はすべて合わせて切る。

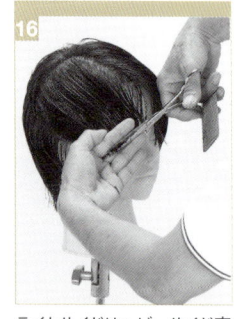

17 もみあげをヘムラインと平行スライスでレイヤーカットする。このカット位置に届く範囲の髪をすべて同じ位置でカットする。

18 もみあげ部分の髪をCシェープして内側の髪を表面に出し、スライドカットで落とす。顔まわりがなじみやすくなる。

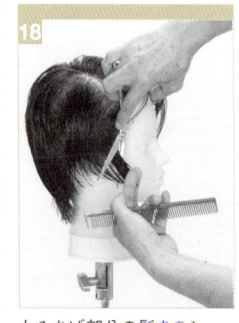

アウトラインを整える

19 耳前をCシェープして内側の髪を表面に出し、スライドカットでくり抜くようにカットする。

20 耳後ろもCシェープして内側の髪を表面に出し、耳にあたる部分を切り落とす。

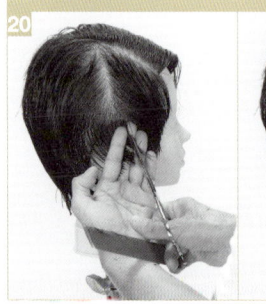

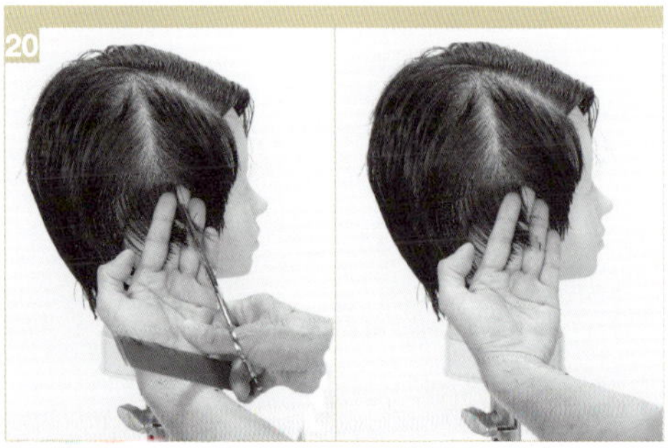

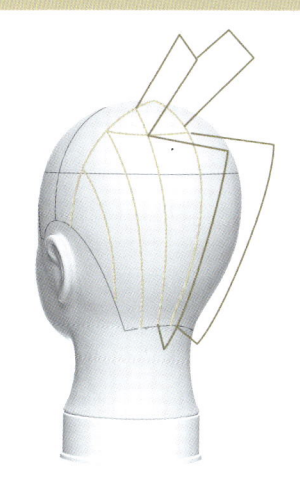

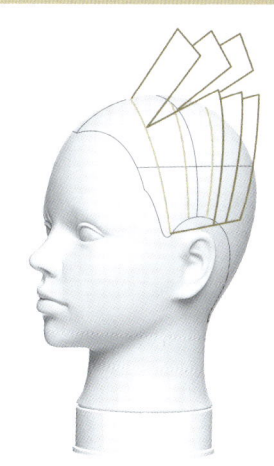

レイヤーを加える

05 トップまで縦のグラデーションをカット。ステムは少しずつ下げていく。

06 ここまでの状態。グラデーションのフォルムがはっきりしており、やや硬い印象がある。アウトラインには生えぎわの形が出ている。

07 頭のはちから上に縦スライスをとり、オンベースで引き出すとこのような切り口が表れる。

チェックカット / **フロント**

12 もみあげ部分の長さを短くしないよう、注意してチェックカットする。

13 向かって右側は、頭のはち上にレイヤーを加え、カドとりをした状態。左側と比べるとまろやかなフォルムになっている。

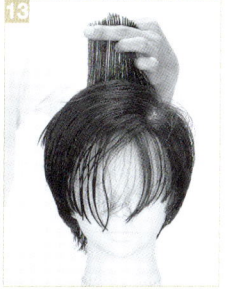

13 トップのイア・トゥ・イア位置を引き上げると、このようなカドが表れる。これを切り落とす。

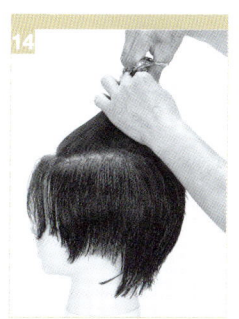

14 13を切った位置まで届く範囲を、すべて後ろに引いてチェックカットする。

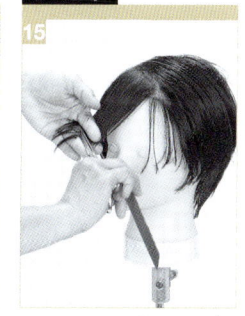

15 サイドパートで分け、ヘビーサイドをライトサイド寄りにシェープして切る。この位置に届く範囲は前方にシェープして切る。

毛量・質感調整

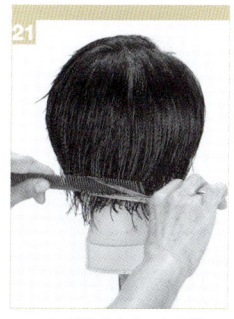

21 コームで髪をすくいながら、刈り上げの要領でネープの面をなめらかにしていく。

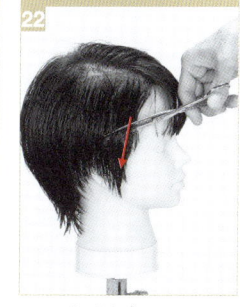

22 フロントはリバースにセニングシザーを動かして削ぐ。

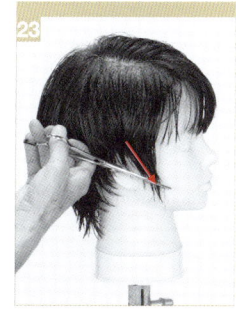

23 耳前はフォワードにセニングを入れ、もみあげ部分にシャープ感を与える。

24 トップのパネルの裏からセニングを入れる。髪が立ち上がりやすくなり、ふんわりした印象になる。

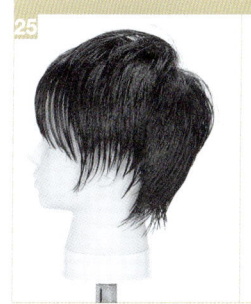

25 カット終了。ドライ後、気になる部分があったらチェック。

107

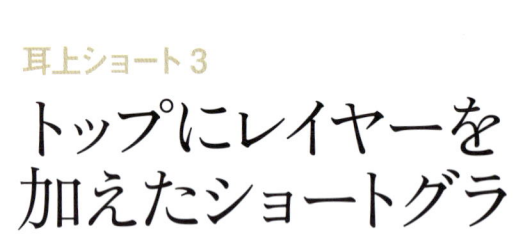

Category VI **SHORT STYLE**

耳上ショート3
トップにレイヤーを加えたショートグラ

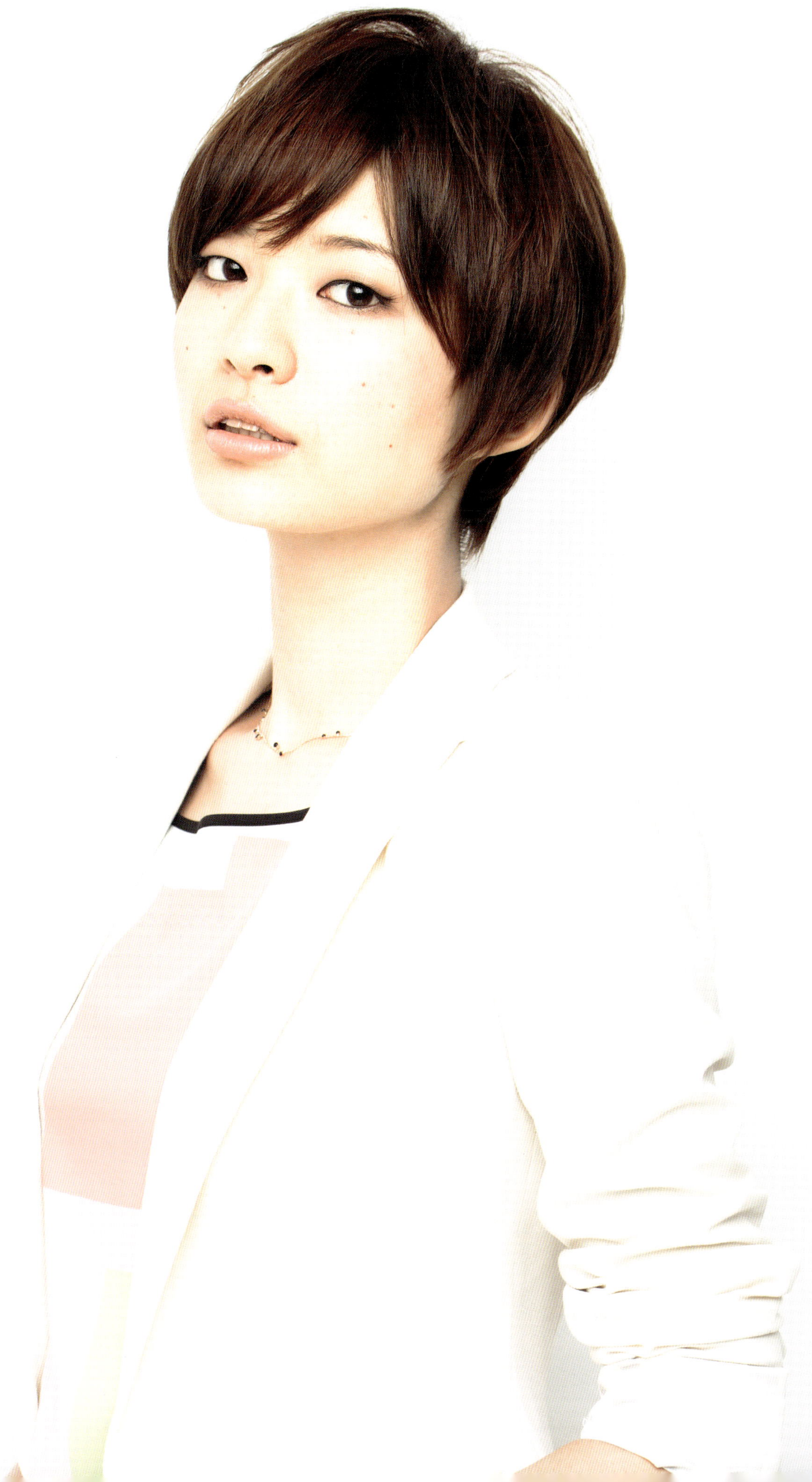

Category V SHORT STYLE

耳上ショート スタイル3
トップにレイヤーを加えたショートグラ

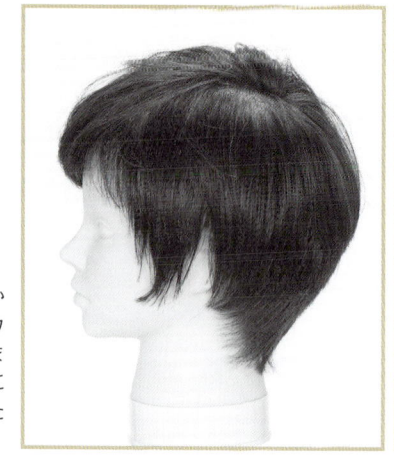

顔まわりがポイントなので、先にフロントからカットします。耳が見える長さですが、ウエイト位置にしっかり重さがあるので、あまりシャープ過ぎず、女性らしいショートになっています。グラデーションでカットした後、トップにレイヤーをプラスします。

フロントのカット

01 サイドパートで分ける。ライトサイドになためスライスをとり、前方に引き出し、グラのラインで切る。

02 次もななめスライスをとり、前方に引き出し、1をガイドにカット。

03 次のスライスからは前髪とフロントをつなげて切っていく。

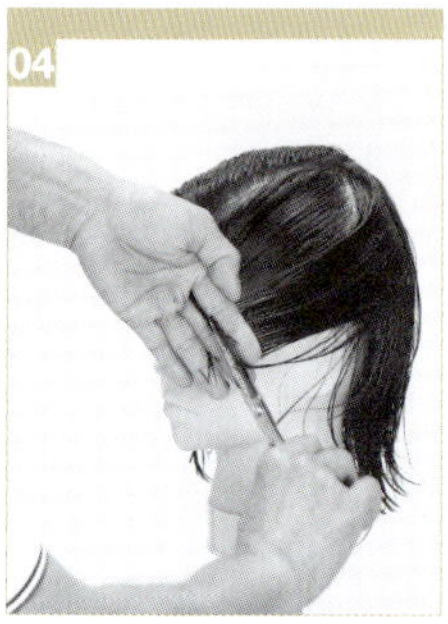

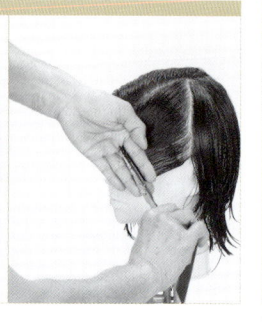

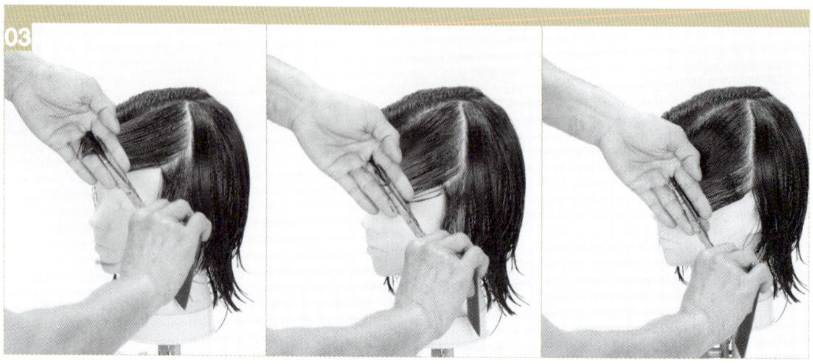

04 3を切った位置に届く範囲の髪を、前方にシェープして切る。

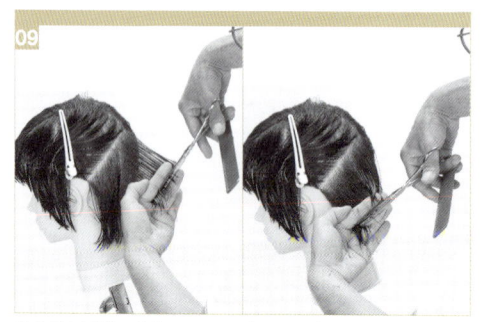

09 次の段も同様にななめスライスをとり、グラデーションでカットしていく。ステムはオンベースより下げていく。

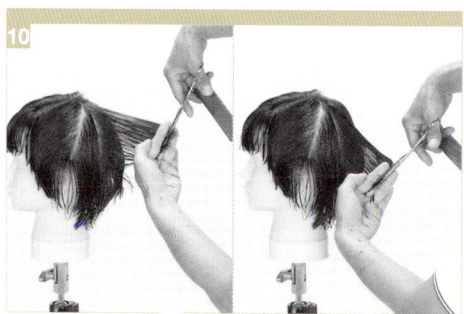

10 トップまで同様にグラデーションでカットする。

11 サイドへ切り進む。バック同様、ななめスライスをとり、オンベースに引き出し、グラのラインで切る。

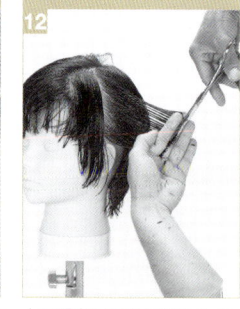

12 上の段も下の段の延長ラインでカット。フロントに近づくとあまり切れる部分はなくなっていく。

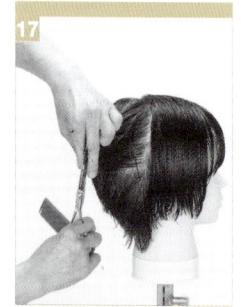

17 バックサイド部分もチェックカットしてフォルムをなめらかにする。

18 サイドもレイヤーカットとチェックカットをしてフォルムを整えておく。

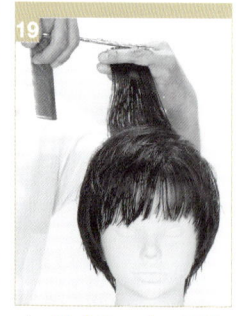

19 パート上をチェック。最初にイア・トゥ・イア上のカドを落とす。その後フロントまで、すべて同じ位置に引いてチェックする。

アウトラインを整える

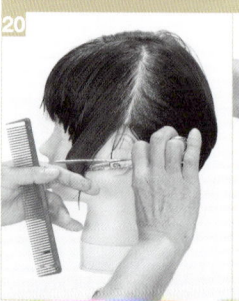

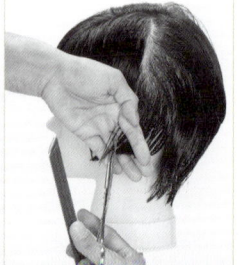

20 耳まわりのチェック。耳上で前後に分け、それぞれCシェープして、内側の髪を削る。

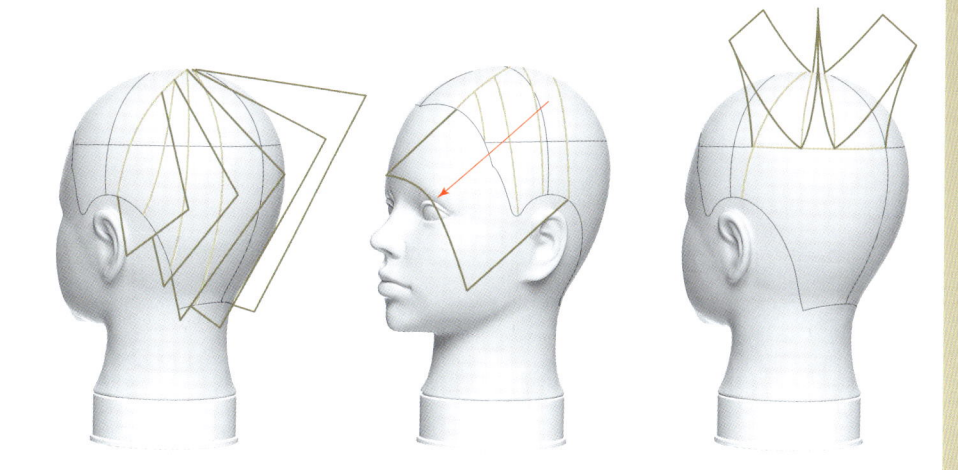

バックからグラでカット

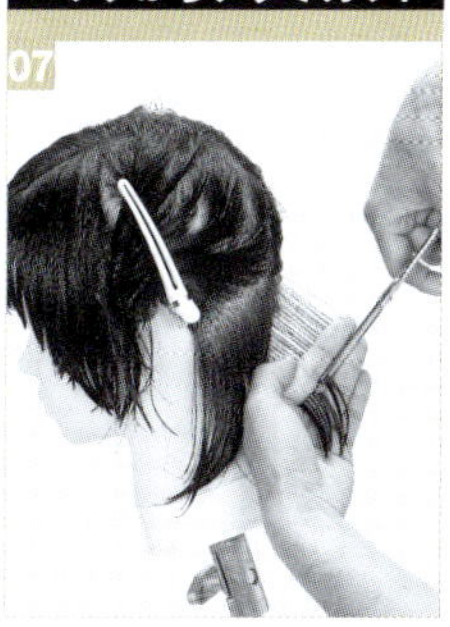

05 ヘビーサイドも前方にシェープして、同様にカットする。

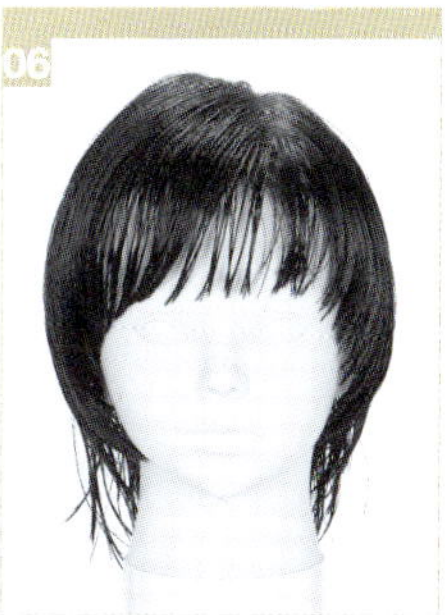

06 マッシュルーム風のフロントができた。フロントに面があるとショートでも女らしくなる。

07 バックのセンターに縦スライスをとり、オンベースで引き出し、グラデーションのラインでカットする。

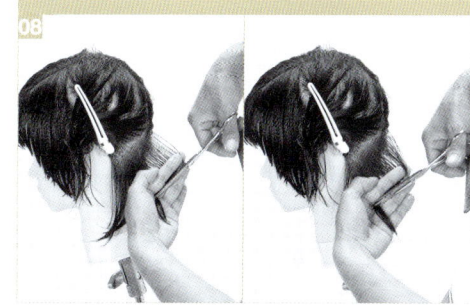

08 第2スライス以降はななめにとり、オンベースで引き出してグラでカットする。ひとつ前のパネルと次に切るパネルの間のカドを落としながら切り進む。

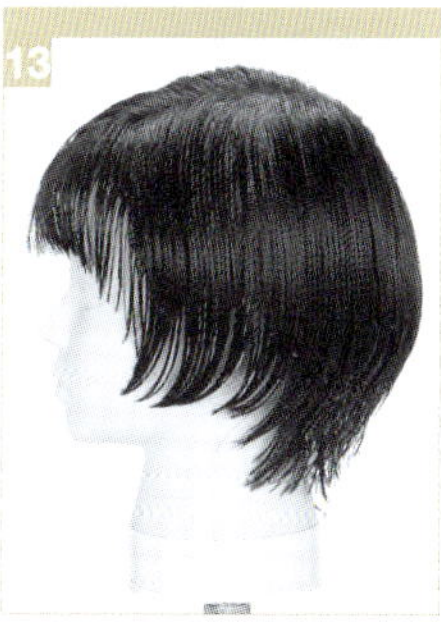

フォルムを整える

13 ここまでのライトサイドの状態。

14 ヘビーサイドも同様に、バックからフロントまで縦スライスのグラでカットする。

15 バックのトップにレイヤーカットを入れる。オンベースに引き出してカット。

16 15でカットした部分からウエイトラインまで、チェックカットでカドを落としていく。

毛量・質感調整

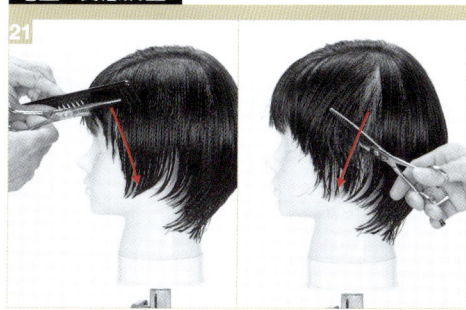

21 耳前の髪は前後からセニングを入れてもみあげにシャープ感を出す。最初にフロントからリバースに削ぎ、次に耳前からフォワードに削ぐ。

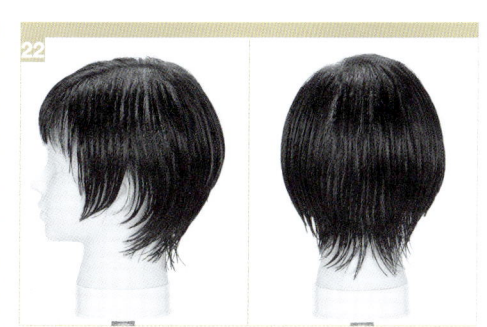

22 耳後ろ、前髪にもセニングを入れ、ブロー前のカット終了。

ドライカット

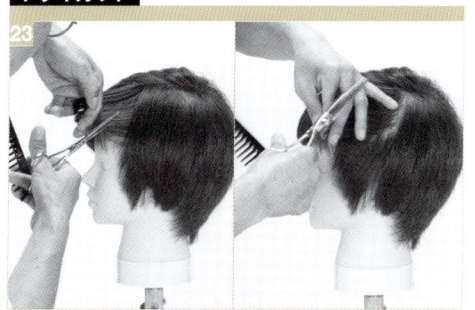

23 フロントからサイドを前方にシェープし、レイヤーのラインでセニングを入れる。こめかみ部分の重さをとる。

おわりに

　いま日本の女性のヘアスタイルは、どの世代もローグラデーション優勢の時代です。僕のお客様も40代、50代、60代以上の方も多いのですが、皆さんボブがお好きですし、肩より長いレングスの方もたくさんいらっしゃいます。本当はハイグラデーションやレイヤースタイルの方が、ウエイトを高くできて、活動的な若々しさを表現しやすいのですが、今多くの女性の気分は、活動的な若々しさというより、幼さやかわいらしさを備えている＝若い、という方向なのですね。特に日本の女性はいくつになってもかわいくありたいという気持ちが強いので、すそに厚みのあるローグラデーションが流行るのも納得できます。

　これは時代の嗜好ですから、美容師としては尊重してあげなければいけないと思うんです。それに、いくら理論上はウエイトが高いヘアスタイルの方がローグラより若々しく見えるとしても、そういうハイポイントのスタイルは昔っぽい＝老けてる人という印象になってしまいます。

　この本ではこうした状況をふまえ、グラデーションベースでありながらも、きっちりウエイトを上げて若々しく見せるカット技術を中心に解説しました。下から段差を積み上げていくカットは、若い世代の美容師さんにはちょっと苦手な人も多いかもしれませんが、お客様の髪にボリュームがなくなってきた時にきっと役に立ちますから、身につけておいて損はないと思います。また、20代30代ならラフな質感でもよいのですが、大人世代には貧相な印象を与えてしまいます。そうならないように、まろやかでなめらかなフォルム、ほどよく厚みを残した毛先が切れるようなカット技術に力点を置きました。

　これから、大人のお客様を離さないためには、ますますカットの力が必要になってくると思います。美容師に力があれば、まだまだおしゃれに前向きなのが今の40代・50代ですから、これから先もずっとヘアスタイルを楽しめる関係が築けるはずです。そのためにこの本が役に立てば、これ以上うれしいことはありません。読んでくださってありがとうございました。

imaii　有村雅弘

imaii

監修、カット技術
有村雅弘

ヘア
有村雅弘(p.20、28、36、40、60、72)　池田博文(p.108)　石原治和(p.56、68)
佐藤博樹(p.100)　嶋澤雅美(p.92)　高橋玲子(p.104)　瀧沢克則(p.52)　二宮英徳(p.76)
長谷川斉(p.24)　深見忠男(p.88)　松田正明(p.44)　森井愛子(p.84)

メーク
小山田扶美子(p.24、40、52、56、60、68、76、88、100)
加來絵里奈(p.20、28、36、44、72、84、92、104、108)

ヘアカラー
泉志保(p.52、84)　大澤正行(p.24、28、44、60、68、72、100)　尾崎敦子(p.40)
小山田扶美子(p.88)　加來絵里奈(p.36、104、108)　澤田梨沙(p.56)　髙橋拓也(p.92)
中村太輔(p.20、76)

衣装協力
p.7左上　　　ワンピース・ネックレス/HIROKO KOSHINO
p.20、21　　 幾何学模様チュニック/YUMA KOSHINO、ネックレス/HIROKO KOSHINO
p.24、25　　 ブラウス/JEFF
p.36、37　　 ノースリーブニット/HIROKO KOSHINO
p.40、41　　 レースブラウス/TALBOTS
p.44、45　　 ワンピース/Siste's
p.56、57　　 ブラウス/Siste's
p.60、61　　 エスニックブラウス/YUMA KOSHINO、ネックレス/TALBOTS
p.68、69　　 ワンピース、ストール/HIROKO KOSHINO
p.72、73　　 トップス/JEFF
p.88、89　　 ピンクのニット/YUMA KOSHINO、ネックレス/HIROKO KOSHINO
p.104、105　ブラウス/TALBOTS

HIROKO KOSHINO・YUMA KOSHINO(ヒロココシノインターナショナル(株))
03-3475-5346
〒151-0051　東京都渋谷区千駄ヶ谷3-51-10

Siste's/JEFF(クールカレアン(株))
03-5740-2734
〒141-0031　東京都品川区西五反田2-7-12

TALBOTS
03-6698-5971
〒107-0061　東京都港区北青山3-5-12　青山クリスタルビル1F

スタイリング
森外玖美子

デザインレイアウト
COMBOIN

撮影
新龍二（新美容出版）

編集
峰島幸子（新美容出版）

洗練されたスタイルに仕上げる
大人髪のカット

定価　　（本体3,800円＋税）検印省略
2013年8月29日　第一刷発行
著者　　imaii
発行者　　長尾明美
発行所　　新美容出版株式会社
〒106-0031　東京都港区西麻布1-11-12
編集部　　TEL 03-5770-7021
販売部　　TEL 03-5770-1201　FAX 03-5770-1228
http//www.shinbiyo.com
振替　　　00170－50321
印刷・製本　三浦印刷株式会社

© imaii & SHINBIYO SHUPPAN Co.Ltd.
Printed in Japan 2013

この本に関するご意見ご感想、また弊社単行本に対するご要望などを
下記のメールアドレスまでお寄せください。
post9@shinbiyo.co.jp